Les Carrés de la Chance

Réalisez vos désirs les plus sincères

Traduit par Christine SCHMITTER pour la version française.

Traduit de "Talisman Magic"

Edité par Llewellyn Publications
St. Paul, MN 55164, USA

ISBN n° 978-2-911456-21-3
Dépôt légal : 4ème trimestre 1997.

RICHARD WEBSTER

L'extraordinaire pouvoir des Carrés de la Chance

Réalisez vos désirs les plus sincères

Éditions Alain Labussière
B.P. 85 – 71700 Tournus – France

Chez le même éditeur

Remerciements

De nombreuses personnes à travers le monde m'ont apporté leur soutien et leur aide tout au long de mes recherches sur les carrés magiques yantras.

Je tiens à remercier tout particulièrement :

S.K. Ghai, L.R. Chawdhri et J.K. Sastri en Inde ;
Bob Mason, Carl Herron, Docc Hilford, David Alexander, Ron Martin, Mark Strivings et Orville Meyer aux Etats-Unis ;
Jon Kealoha à Hawaii ;
Craige Mc Comb Snader au Mexique ;
T'ai Lau à Hong-Kong ;
et Peter Graham, Alan Watson et Jeff Martin en Nouvelle Zélande.

Je dédie ce livre à toutes ces personnes.

L'extraordinaire pouvoir des Carrés de la Chance

Simplicité et efficacité sont les mots qui caractérisent le mieux le système de divination et de magie qu'on appelle les carrés magiques Yantras qui ont la même origine que le *Yi-King, le feng-shui* et d'autres arts divinatoires orientaux anciens. En Orient, on reconnaît depuis longtemps les merveilleux pouvoirs des carrés magiques Yantras. Pour la première fois en Occident, ils vous sont présentés dans un format facile à utiliser.

L'Extraordinaire Pouvoir des Carrés de la Chance a pour objet la construction pratique des carrés magiques, ceci en adoptant un point de vue radicalement différent de celui de la tradition occidentale représentée par Agrippa, Abramelin, John Dee ou la « Golden Dawn ». Ces carrés magiques s'inspirent de l'ancienne numérologie orientale qui est utilisée depuis plus de quatre mille ans. ***L'Extraordinaire Pouvoir des Carrés de la Chance*** explore la pratique magique des Yantras - les carrés magiques qui représentent des entités uniques et signifiantes au même titre qu'un thème astrologique établi à partir d'une date de naissance.

Accédez à la signification profonde de vos motivations, de votre personnalité et de votre potentiel grâce aux carrés magiques Yantras. Pour ce faire, il vous suffira de suivre tout simplement les instructions qui vous seront données et vous serez capable de fabriquer vos carrés magiques en un rien de temps.

On peut utiliser les Yantras non seulement pour la divination, mais également pour favoriser la chance, pour éviter les catastrophes et pour promouvoir la prospérité.

Eloignez le mal et la négativité grâce à un charme construit à partir de votre Yantra personnel et ouvrez les portes de la chance dans votre vie.

Utilisez les instructions qui se trouvent dans ***L'Extraordinaire Pouvoir des Carrés de la Chance*** pour créer des charmes pour tous vos amis en les intégrant dans un processus de divination.

Bien plus que de simples charmes porte-bonheur, les Yantras sont des catalyseurs d'énergie d'une puissance inouïe qui vous permettront de réaliser vos vœux les plus sincères.

Vous pouvez utiliser votre Yantra personnel comme un puissant talisman pour transformer des circonstances défavorables, pour attirer l'argent, pour vous aider à atteindre les buts que vous vous êtes fixés dans votre vie, pour révéler les degrés de compatibilité entre amis et amoureux, et même pour renforcer les liens qui unissent déjà les amoureux.

L'auteur : Richard Webster

Richard Webster est né en 1946 en Nouvelle Zélande où il vit toujours. Il fait des conférences et il dirige des ateliers sur les différents aspects du psychisme dans le monde entier. Il est l'auteur de nombreux livres qui traitent de ce sujet et il participe à la rédaction de nombreux magazines mensuels.

SOMMAIRE

Introduction

Par une journée humide et chaude, un pousse-pousse à moteur me transportait vers la place Connaught, dans le centre ville de New-Delhi. J'étais submergé par le bruit et par les gaz d'échappement de la circulation, lorsque le petit pousse-pousse entama une manœuvre autour d'un grand rond-point. A mi_parcours de celui-ci, un vieux camion fonça droit sur nous, si bien que mon chauffeur dut freiner brusquement et fit une embardée sur la droite pour éviter la collision. Mon chauffeur leva son poing avec véhémence en direction du chauffeur du camion, tout en l'invectivant. Les personnes qui étaient bloquées derrière nous commençaient à s'impatienter, si bien que mon chauffeur dût reprendre la route. Je remarquai que, pendant tout le reste du trajet, mon chauffeur serrait entre ses mains quelque chose qui pendait à son cou.

Au moment de payer, je lui demandai ce qu'il avait tenu aussi fermement. En riant d'un air embarrassé, il me dit que c'était son yantra. Je connaissais déjà les images yantras et lui demandai si je pouvais le voir. Il sortit un morceau de papier noirci d'un petit sac de cuir sale qui pendait à son cou. Il le déplia et me le montra. C'était un carré magique, ce à quoi je ne m'attendais pas du tout.

" Pourquoi portez-vous cela ? " lui demandai-je, bien qu'il me semblait connaître la réponse.

" Pour la chance, " me répondit-il. " Et pour me protéger. "

" Merci " lui rétorquai-je. " Merci beaucoup. "

Je restai sur le trottoir et je le regardai s'éloigner en songeant à toutes les questions que j'aurais dû lui poser. Cela m'aurait évité de perdre beaucoup de temps.

Je connaissais déjà les carrés magiques. Au lycée, j'avais eu, pendant un an, un excellent professeur de mathématiques. Tous les vendredis après-midi, Monsieur Temple nous distrayait en nous soumettant de nombreuses énigmes mathématiques, telles que par exemple prouver que 1 = 2. Un vendredi, il construisit sous nos yeux un carré magique et je fus si impressionné par sa performance que je le copiai et le ramenai à la maison pour le montrer à mes parents. Mais les carrés magiques n'étaient pas des yantras ! Ou bien ?

Il me fallut attendre quelques jours avant d'avoir la réponse. Je ne trouvai rien sur les yantras dans les librairies de New Delhi. Je demandai à mon hôtel des noms de numérologues. Soit l'employé ne comprenait pas la question, soit il n'en connaissait pas. Par chance, je connaissais un chiromancien qui me fut d'une aide plus précieuse. Non seulement il avait des livres sur les yantras, mais il me fit également rencontrer Monsieur Sastri qui consultait en tant que numérologue.

Malheureusement, les connaissances de M. Sastri en anglais étaient limitées et il me fut difficile de comprendre une grande partie de son discours. Il était enchanté de m'avoir comme interlocuteur et nous avons passé plusieurs après-midi à discuter de ce sujet. Les livres me furent utiles mais, à mon avis, ils étaient trop fatalistes. Au fil du temps, j'ai approfondi mes connaissances dans ce domaine et cela fait maintenant une dizaine d'années que je construis et interprète des yantras pour mes clients.

Un carré magique se compose d'une série de nombres disposés de telle sorte que toutes les rangées, les colonnes et les diagonales totalisent le même nombre. Certains carrés magiques totalisent le même nombre, de plus de quarante manières différentes.

Les carrés magiques sont très anciens. Il y a environ 4.000 ans, en Chine, Wu de Hsia travaillait à l'amélioration du fleuve *Hwang Ho* et essayait d'endiguer les inondations qui détruisaient souvent les plaines fertiles. L'entreprise de Wu fut une réussite spectaculaire et le peuple lui témoigna sa reconnaissance en le choisissant pour Empereur. Pendant que Wu effectuait les travaux d'amélioration, il trouva une tortue - que l'on considérait comme un présage extrêmement positif - et cela l'encouragea à poursuivre projet. A cette époque, les tortues étaient non seulement le symbole du bonheur et de la longévité, mais on pensait aussi que Dieu vivait dans la carapace des tortues. Wu remarqua également quelque chose de très étrange à propos des marques qui se trouvaient sur la carapace de cette tortue particulière. Les marques circulaires noires et blanches formaient un carré magique parfait ! (Voir Figure 3A, page 56).

Cette découverte fortuite fut une source d'inspiration pour Wu et ses conseillers. Ils décidèrent de gouverner le pays de telle sorte que chacun puisse avoir une vie longue, prospère et heureuse. Cette carapace de tortue marqua le début du système d'astrologie et de numérologie du *ki* chinois à neuf étoiles - le *Yi-King* - et également du système de géomancie – le *feng-shui*[1].

En Occident, on attribue aussi des pouvoirs spécifiques aux carrés magiques. On pense que les connaissances sur les carrés magiques se sont répandues à partir de la Chine vers le Japon et le Sud-est asiatique et à partir de là, vers l'Inde, l'Arabie et l'Europe.

En Inde, les premiers écrits sur les carrés magiques datent du onzième siècle. Toutefois, Tâbit ibn Quorra en Arabie laissa des écrits à ce sujet au neuvième siècle. Étant donné qu'on pense que les connaissances sur les carrés magiques ont été transmises de l'Inde vers l'Arabie, les Indiens devaient en avoir connaissance bien avant que Tâbit n'écrive à ce sujet.

Les carrés magiques apparaissent dans les premiers écrits hébreux de la Kabbale où le carré magique de 3 x 3 cases représentait le nom interdit de Dieu. Plus tard, les alchimistes pensaient que le carré magique de 3 x 3 cases renfermait le secret de la transformation des métaux de base en or.

Au Moyen-Age, on vendait des carrés magiques gravés sur de l'argent en guise de talismans. On pensait aussi qu'ils protégeaient contre les maladies, ce qui explique leur popularité pendant les grandes épidémies de peste en Europe.

Dans les écrits chrétiens du Moyen-Age, on pensait que le carré magique à une case - qui ne contient que le chiffre 1 - était un symbole divin. Lorsqu'on découvrit qu'il était impossible de créer un carré magique de 2 x 2 cases, on pensa immédiatement qu'il s'agissait d'un symbole diabolique.

---

[1] Lire à ce propos, chez le même éditeur : *Changez votre vie grâce au Feng-Shui* - Pak-Tin Li & Hélène Yeap.

Au quinzième siècle, le Mage Abramelin vécut sur les rives du Nil, où il élabora un cours complet sur la magie cérémonielle qui faisait largement appel aux carrés magiques. Abraham de Würzburg fit le tour du monde connu à cette époque et passa quelque temps avec Abramelin. Vers la fin de sa vie, Abraham écrivit au sujet de ce système pour son fils, Lamech. Le manuscrit fut découvert à la *Bibliothèque de l'Arsenal* de Paris et fut traduit en anglais par S.L. Mac Gregor Mathers[2]. Le système d'Abramelin avait la Kabbale pour fondement.

Pour pouvoir l'utiliser, le magicien devait mener une vie faite d'abstinence et de pureté pendant six mois dans un endroit retiré du monde.

Après cela, il devait effectuer une série de rituels destinés à le faire entrer en contact avec son Saint Ange Gardien. La partie du système consacrée aux carrés magiques devait apporter au magicien tout ce qu'il pouvait souhaiter. Aleister Crowley doit une grande partie de ses connaissances à l'étude de ce système.

En 1514, Albrecht Dürer conçut sa célèbre gravure sur bois connue sous le nom de *Mélancolie*. Cette gravure comprenait un carré magique de 4 x 4 cases dans lequel figurait la date dans les deux carrés au centre de la dernière rangée inférieure (voir Figure Introduction A). On a vraisemblablement inséré le carré magique dans la gravure parce que les astrologues de l'époque recommandaient aux personnes qui souffraient de mélancolie de le porter pour favoriser la guérison.

A la même époque que Dürer, Cornelius Agrippa (1486-1535) menait des recherches sur une série de carrés magiques qu'il nomma d'après les planètes. Agrippa était un éminent mathématicien et l'occultiste le plus réputé de son époque.

Vers le quinzième siècle, les mathématiciens ont commencé à s'intéresser aux carrés magiques et ont mis au point de nombreux systèmes pour les construire.

---

[2] Mathers S.L. Mac Gregor, traducteur. *Le Livre de la Magie Sacrée d'Abramelin, le Mage,* par Abraham le Juif. John M. Watkins, Londres, seconde édition, 1900.

16	3	2	13
5	10	11	8
9	6	7	12
4	15	14	1

Figure Introduction A :
Le Carré magique de la Mélancolie de Dürer, 1514

Louis XIV dépêcha une délégation au Siam, et l'une des choses les plus importantes qu'ils ramenèrent fut une série de nouvelles méthodes pour construire les carrés magiques.

A l'époque élisabéthaine, Dr. John Dee et Sir Edward Kelly firent de nombreux travaux magiques. Le point d'orgue de leurs recherches fut les Tables Angéliques, les carrés magiques qui furent utilisés ultérieurement dans le système énochien. Le système énochien est l'un des fondements des enseignements de l'Ordre de L'Aube d'Or (en anglais « Golden Dawn »).

Au cours des siècles derniers, l'intérêt des Occidentaux pour les carrés magiques à des fins psychiques a diminué. Les mathématiciens, quant à eux, continuent de se divertir avec ceux-ci. En fait, dans son *Autobiographie,* Benjamin Franklin rapporte ses expériences avec les carrés magiques. Dans sa jeunesse, il consacra beaucoup de temps à élaborer des méthodes pour construire des carrés magiques complexes. De nombreuses années plus tard, un de ses amis lui montra un livre sur des carrés magiques qui avaient été construits par des mathématiciens français et il déplora que les anglophones n'aient pas la même aisance avec les chiffres. Benjamin Franklin s'en alla et revint le jour suivant avec un carré magique de 8 x 8 cases qu'il avait conçu (voir Figure Introduction B). Puis son ami lui présenta un autre livre qui comprenait un carré magique de 16 x 16 cases. Il déclara que la construction d'un carré comme celui-ci représenterait "un travail considérable". Benjamin Franklin s'en alla à nouveau et revint le jour suivant avec un carré magique de 16 x 16 cases qui avait beaucoup plus de propriétés que celui que son ami lui avait présenté dans son livre.

Aujourd'hui, en Occident, les carrés magiques relèvent largement du domaine des mathématiciens. Toutefois, les carrés magiques yantras connaissent toujours un succès grandissant en Orient.

Le but de ce livre est de vous présenter la manière de construire et d'interpréter les yantras pour vous-même et pour les autres. Il n'a pas la prétention de constituer une étude exhaustive sur l'utilisation magique des carrés magiques. J'ai inclus une partie historique sur les carrés magiques dans les différentes parties du monde, car je pense qu'il est important de comprendre l'évolution des yantras. Cela permet également de démontrer le pouvoir, la force et l'efficacité des yantras. Les autres chapitres traitent de la construction et de l'interprétation des carrés magiques yantras. A ma connaissance, il n'existe pas d'autre livre disponible en Occident sur ce sujet.

52	61	4	13	20	29	36	45
14	3	62	51	46	35	30	19
53	60	5	12	21	28	37	44
11	6	59	54	43	38	27	22
55	58	7	10	23	26	39	42
9	8	57	56	41	40	25	24
50	63	2	15	18	31	34	47
16	1	64	49	48	33	32	17

Figure Introduction B

J'espère de tout cœur que vous trouverez ce savoir-faire aussi utile et efficace qu'il l'a été et qu'il l'est toujours pour moi-même.

Chapitre Un :

Les Yantras

Tous les yantras sont des mandalas. Généralement, un mandala est un motif circulaire dessiné autour d'un point central qui symbolise l'univers. En Inde, il existe deux types de mandalas qu'on qualifie de yantras : les images yantras et les carrés magiques yantras.

LES IMAGES YANTRAS

Une image yantra est un dessin symbolique qui sert généralement de support à la méditation. Il s'agit d'une forme géométrique qui constitue un mandala complexe. Le mot *yantra* provient du Sanscrit. *Yam* signifie soutenir et *Trana* signifie la liberté de tout asservissement. Par conséquent, un yantra libère et soutient. Les yantras ont pour but de vous permettre de prendre conscience de votre moi intérieur profond et de l'être divin qui est en vous.

En Orient, on a toujours reconnu la vérité des paroles du Christ : "*Regardez, le royaume de Dieu est en vous*" (Luc XVII,21). En effet, les yantras sont des images symboliques qui représentent le divin et doivent être traités avec révérence. On pense qu'il existe 960 images yantras.

En Occident, les décorateurs d'intérieur utilisent souvent des yantras comme motifs décoratifs et ignorent totalement leur réelle signification. S'ils en étaient conscients, ils réfléchiraient à deux fois avant d'utiliser la croix chrétienne en tant que simple décoration, mais ils n'hésiteraient pas à emprunter des symboles à d'autres religions tels que les décorations murales. En fait, un yantra est probablement encore plus spirituel que la croix chrétienne, car on pense que Dieu vit à l'intérieur de chaque yantra.

Toutes les images yantras comportent un point ou un petit cercle en leur centre. Il s'agit du point central utilisé pour la méditation, on l'appelle le *bindu.* En fait, même un simple point peut être considéré comme un yantra, car il renferme le Un. Un point est complet en lui même et il symbolise Dieu.

Comme l'illustre parfaitement une citation des *Upanishads* : « *Dieu est l'instigateur immuable, Celui qui est à l'origine de tout ce qui se passe dans le cosmos, il est le point fixe autour duquel tout gravite* ». Quand on médite sur une image yantra, on ne fait plus qu'un avec le yantra dans le *bindu*. En effet, ils fusionnent pour n'être plus qu'un avec Dieu. En méditation, le *bindu* et le sixième chakra, qu'on appelle le « troisième œil » se réunissent pour ne former qu'une entité.

On prononce souvent un mantra lorsqu'on médite sur un yantra. *Om* est le mantra le plus connu en Occident, mais il en existe beaucoup d'autres adaptés à des buts particuliers. Les mantras sont des mots sacrés issus des anciennes écritures védiques. Vous pensez peut-être que les mantras fonctionnent parce que la personne qui les récite y croit. En réalité, les mantras fonctionnent grâce aux vibrations des sons qui agissent sur le système nerveux et ont des effets bénéfiques sur la personne qui les récite[3] .

Le point est le centre du yantra. Il est apparenté à l'esprit. Autour du point, on place différentes figures géométriques telles que des cercles, des triangles, des carrés et des lotus. En méditation, toutes ces figures vous mènent au centre.

Le cercle trouve son origine dans le mouvement des planètes, il symbolise la globalité et la totalité. Il est lié à l'air.

Le triangle symbolise les trois mondes du Sattva, du Rajas et du Tamas, ou respectivement du neutre, du positif et du négatif. Il est lié au feu. Lorsque la pointe du sommet est dirigée vers le bas, le triangle est le symbole du Yoni et représente l'énergie féminine. Lorsque la pointe du sommet est dirigée vers le haut, il représente l'énergie masculine. On

---

[3] Mookerjee, Ajit, et Madhu Khanna. *La Voie tantrique*. Thames and Hudson Ltd., Londres, 1977, p. 56. Ce livre donne également une explication claire au sujet du symbolisme du Shri Yantra, pp. 57-62.

représente souvent les deux triangles dans une étoile à cinq branches qui symbolise les cinq éléments que sont la Terre, l'Eau, l'Air, l'Énergie et l'Espace.

Le carré symbolise la terre et le monde matériel. Les quatre portes ou ouvertures sur les côtés représentent les instincts les plus primitifs qu'il convient de maîtriser avant de pouvoir fusionner entièrement avec le yantra.

Traditionnellement, les mandalas utilisent des cercles et des carrés. Le cercle symbolise le cosmos, et le carré symbolise la Terre. Ce qui correspond au yang et au yin du *Yi-King*. Le yang est l'élément mâle, céleste et novateur, alors que le yin est l'élément féminin, nourricier et terrestre.

Le lotus est le symbole de la pureté. Dans un yantra, il représente l'épanouissement personnel et le développement de la conscience. Au début de leur existence, les plantes de lotus émergent de la boue et évoluent progressivement pour reposer triomphalement à la surface de l'eau, pures et parfaites. Les pétales de lotus sont aussi symboliques dans les chakras, chaque pétale représente l'épanouissement et le développement d'une qualité spécifique. L'ultime est le *Chakra Sahasrara*, un lotus qui comporte mille pétales au sommet[4].

Figure 1 A : Le Shri Yantra

---

[4] Chawdhri, Dr.L.R. *Pratiques des Mantras et des Tantras.* Sagar Publications, New Delhi, 1985, pp. 6-9.

L'image yantra la plus complexe et la plus connue est également la plus ancienne. Il s'agit du Shri Yantra (voir Figure 1A). Ce yantra combine les éléments de Shiva et de Shakti, qui englobent ensemble le cosmos. En fait, on appelle parfois le Shri Yantra le Yantra du Cosmos. En raison de l'extrême complexité du motif de ce yantra, avec ses intersections de neuf triangles, il faut le contempler uniquement à la lumière du jour.

Il existe deux versions du Shri Yantra. L'une comporte cinq triangles dont le sommet est dirigé vers le haut et quatre autres pointés vers le bas. L'autre version est le contraire de la précédente, elle comporte quatre triangles pointés vers le haut et cinq pointés vers le bas.

La plupart des yantras sont symétriques et équilibrés. Le Shri Yantra serait conforme à ce principe s'il comprenait quatre triangles pointés vers le haut et quatre triangles pointés vers le bas. Le triangle supplémentaire confère plus de force et de pouvoir au yantra. Toutefois, il est intéressant de noter que ce yantra semble malgré tout symétrique.

Le Shri Yantra représente les neufs chakras, entourés par deux cercles de pétales de lotus qui forment le mandala de la Lune.

LES YANTRAS ASTROLOGIQUES

On utilise les yantras astrologiques lorsqu'on a besoin des énergies des neuf planètes. C'est généralement le cas lorsqu'une planète est déficiente dans la carte astrologique de naissance d'une personne. On pense que si la personne porte le yantra spécifique qui correspond à cette planète, cette déficience sera surmontée ou au moins, elle sera minimisée. Les planètes sont : Le Soleil, la Lune, Mercure, Vénus, Mars, Jupiter, Saturne et les deux nœuds de la Lune. Le Nœud du Nord qu'on appelle *Rahu* ou la Tête de Dragon, et le Nœud du Sud appelé *Ketu* ou la Queue du Dragon.

On pense que le yantra du Soleil élimine les aspects négatifs d'un Soleil déficient et qu'il apporte ainsi la paix de l'esprit. Ce yantra doit être gravé sur du cuivre ou de l'acier inoxydable et porté autour du cou. On peut aussi le dessiner sur du papier et le transporter sur soi dans une poche ou un porte-monnaie. Le meilleur moment pour le construire est le dimanche. Le total de chaque rangée donne 111, et le total global de tous les nombres donne 666 (voir Figure 1B).

1	35	3	34	32	6
30	8	28	27	11	7
13	23	22	21	14	18
24	17	16	15	20	19
12	26	9	10	29	25
31	2	33	4	5	36

Figure 1 B : Le Yantra du Soleil

A chaque yantra astrologique correspond un mantra spécifique. Il faut réciter chaque mantra un certain nombre de fois. Afin de faciliter le décompte, on utilise des colliers de perles comparables à des chapelets. Chaque collier est composé de 108 perles.

Une perle qu'on appelle la perle du Gourou est un peu plus grande que les autres et permet à la personne qui l'utilise de savoir quand elle a récité le mantra 108 fois.

Arrivée à ce stade, soit la personne arrête, soit elle continue dans le sens inverse, si bien qu'on ne croise jamais la perle du Gourou[5] .

37	78	29	70	21	62	13	54	5
6	38	79	30	71	22	63	14	46
47	7	39	80	31	72	23	55	15
16	48	8	40	81	32	64	24	56
57	17	49	9	41	73	33	65	25
26	58	18	50	1	42	74	34	66
67	27	59	10	51	2	43	75	35
36	68	19	60	11	52	3	44	76
77	28	69	20	61	12	53	4	45

Le Yantra de la Lune

Le yantra de la Lune doit être gravé sur de l'argent ou écrit sur du papier blanc et porté sur soi. On l'utilise lorsque la Lune est déficiente dans la carte de la personne et grâce à lui, celui/celle qui le porte aura des amis fidèles et sera respecté(e) en société. Il faut le dessiner un lundi. C'est un carré magique de 9 x 9 cases. Le total de chaque rangée donne 369, et le total de tout le carré est 3321.

---

[5] Braha, James T. *L'astrologie Hindoue ancienne pour les Astrologues occidentaux modernes*. Press, Miami, Florida, 1986, p 73. Ce livre comprend également le mantra qui correspond à chaque planète.

8	58	59	5	4	62	63	1
49	15	14	52	53	11	10	56
41	23	22	44	48	19	18	45
32	34	38	29	25	35	39	28
40	26	27	37	36	30	31	33
17	47	46	20	21	43	42	24
9	55	54	12	13	51	50	16
64	2	3	61	60	6	7	57

Le Yantra de Mercure

Le yantra de Mercure est un carré magique de 8 x 8 cases dont le total global est 2080. Il doit être gravé sur une plaque d'argent ou dessiné sur un papier un mercredi. Il protège la personne qui le porte, il éloigne ses ennemis et augmente ses facultés de mémorisation.

22	47	16	41	10	35	4
5	23	43	17	42	11	29
30	6	24	49	81	36	12
13	31	7	25	43	19	37
38	14	32	1	26	44	20
21	39	8	33	2	27	45
46	15	40	9	34	3	28

Le Yantra de Vénus

Le yantra de Vénus est un carré magique de 7 x 7 cases. Il intensifie la paix de l'esprit et renforce le pouvoir d'attraction envers le sexe opposé. Il peut être fait à partir de n'importe quel matériau et doit être construit un vendredi.

11	24	7	20	3
4	12	25	8	16
17	5	13	21	9
10	18	1	14	22
23	6	19	2	15

Le Yantra de Mars

Le yantra de Mars doit être gravé sur une plaque de cuivre un mardi. C'est un carré magique de 5 x 5 cases dont le total donne 325. Il protège celui qui le porte des accidents et des autres blessures.

1	15	14	4
12	6	7	9
8	10	11	5
13	3	2	16

Figure 1C : le Yantra de Jupiter

Le yantra de Jupiter est un carré magique ordinaire de 4 x 4 cases. Il utilise tous les chiffres et les nombres de un à seize (voir Figure 1C). Le total de chaque rangée donne 34 et le total global de tous les nombres est 136. On peut le faire sur n'importe quel métal ou sur du papier, mais il faut le dessiner un mardi. Il confère pouvoir, prestige et autorité à celui/celle qui le porte.

4	9	2
3	5	7
8	1	6

Figure 1D : le Yantra de Saturne

Le yantra de Saturne est une variante du carré magique ordinaire de 3 x 3 cases (voir Figure 1D). Il doit être gravé sur du cuivre ou dessiné sur du papier ou du parchemin. Il crée des occasions d'atteindre la réussite matérielle. On lui attribue aussi des vertus curatives dans les cas de dépression.

Il existe aussi une série de yantras de 3 x 3 cases qui sont spécialement conçus pour éviter les effets négatifs des planètes maléfiques, que ce soit dans la carte de naissance ou dans les transits. (voir Figures 1E à 1M). On les appelle les Nav-Graha, ou les yantras des neufs planètes.

LES YANTRAS NUMERIQUES

Ce sont les yantras dont nous traiterons principalement dans ce livre. On les porte comme des talismans pour protéger ceux et celles qui les portent et pour qu'il leur arrive des choses positives. On les utilise aussi à des fins de divination. La plupart d'entre eux sont des carrés magiques.

6	1	8
7	5	3
2	9	4

Figure 1E : le Yantra Nav-Graha du Soleil

7	2	9
8	6	4
3	10	5

Figure 1F : le Yantra Nav-Graha de la Lune

8	3	10
9	7	5
4	11	6

Figure 1G : le Yantra Nav-Graha de Mars

9	4	11
10	8	6
5	12	7

Figure 1H : le Yantra Nav-Graha de Mercure

10	5	12
11	9	7
6	13	8

Figure 1I : le Yantra Nav-Graha de Jupiter

11	6	13
12	10	8
7	14	9

Figure 1J : le Yantra Nav-Graha de Vénus

12	7	14
13	11	9
8	15	10

Figure 1K : le Yantra Nav-Graha de Saturn

13	8	15
14	12	10
9	16	11

Figure 1L : le Yantra Nav-Graha de Rahu

14	9	16
15	13	11
10	17	12

Figure 1M : le Yantra Nav-Graha de Ketu

Chapitre Deux :

Les Carrés Magiques

Depuis des siècles, les carrés magiques ont éveillé la curiosité des mathématiciens et des occultistes. Selon les mathématiciens, leur perfection est source de beauté et ils ont élaboré de nombreux moyens d'en créer.

LES CARRES MAGIQUES IMPAIRS

Le carré magique le plus simple est construit sur une grille de 3 x 3 cases (voir Figure 2A).

Pour le construire, il suffit de placer le premier chiffre (un 1) au milieu de la rangée supérieure. Puis, on se déplace en diagonale vers le haut à droite. Ce qui supposerait que le chiffre 2 soit placé au-dessus du carré droit de la rangée supérieure. Étant donné qu'il n'y a pas de case à cet endroit, on se déplace tout en bas de cette colonne et on place le chiffre 2 dans la case inférieure droite. A nouveau, nous rencontrons un problème, car il n'y a pas de place pour insérer le chiffre 3 en diagonale, en se déplaçant vers le haut à partir du chiffre 2. Par conséquent, on se déplace à l'extrême gauche de cette rangée et on y insère le chiffre 3. On constate qu'on ne peut pas placer le 4 en diagonale, en se déplaçant vers le haut à partir du chiffre 3, car le chiffre 1 se trouve déjà à cet emplacement. Dans ce cas, on insère le 4 directement sous le chiffre 3.

8	1	6
3	5	7
4	9	2

Figure 2A

Maintenant, on peut placer le chiffre 5 en se déplaçant en diagonale vers la droite à partir du chiffre 4, au centre du carré magique.

On place le 6 en se déplaçant en diagonale, vers le haut, à partir du 5.

Le chiffre 7 se place en diagonale à partir du 6. Étant donné qu'il n'y a pas de case, il devrait se placer normalement dans la case où se trouve le 4.

Cette case étant déjà prise, le chiffre 7 se place immédiatement sous le 6.

Si on se déplace en diagonale, vers le haut à partir du 7, on se trouve à nouveau en dehors du carré magique. Par conséquent, on va dans la case à l'extrême gauche de cette rangée et on place le 8 dans le coin gauche supérieur.

Désormais, il ne reste plus qu'une case vide. On se déplace en diagonale, vers le haut, à partir du 8, et cela nous mène en dehors du carré magique. On va donc en bas de la colonne et on y place le chiffre 9 en dernière position.

La description de la construction de ce carré peut paraître longue, mais dans la pratique, c'est très simple. Il suffit de se déplacer en diagonale vers le haut à droite.

Vous comprendrez plus facilement si vous vous représentez le carré magique comme un tube dont les rangées supérieures et inférieures sont réunies. Dans l'autre sens, c'est également un tube dont les colonnes gauches et droites sont réunies.

Faisons un autre essai avec le carré magique de 5 x 5 cases (voir Figure 2B).

A nouveau, on commence par placer le 1 au milieu de la rangée supérieure. Imaginez que les rangées supérieures et inférieures sont réunies et forment ainsi un tube.

Le 2 se place en diagonale vers le haut, à droite du 1. Ce qui le place dans la quatrième case en partant de la gauche dans la rangée inférieure.

Le 3 se place sans problème à droite du 2.

Maintenant, nous devons imaginer que les côtés gauches et droits sont également réunis et forment un autre tube.

17	24	1	8	15
23	5	7	14	16
4	6	13	20	22
10	12	19	21	3
11	18	25	2	9

Figure 2B

Le 4 se place en diagonale, vers le haut, à droite du 3. Ce qui le place dans la troisième case en partant du haut, dans la colonne de gauche.

Le 5 se place facilement, mais le 1 occupe déjà la case où devrait se trouver le 6. Par conséquent, le 6 se place dans la case qui se trouve immédiatement sous le 5.

Le 7 et le 8 se placent tout naturellement sur la diagonale, de même que le chiffre 9 si vous imaginez le carré magique sous la forme d'un tube.

Le reste du carré magique se construit exactement de la même manière. C'est beaucoup plus simple que cela en a l'air, et après en avoir fait quelques-uns, je suis certain que vous pourrez impressionner votre professeur de mathématiques par vos performances !

Voici la représentation d'un carré magique de 7 x 7 cases (voir Figure 2C). Voyez si vous pouvez le construire seul avant de regarder l'illustration. Si vous êtes lancé, vous voudrez peut-être construire un carré magique de 9 x 9 cases ou même un carré magique de 37 x 37 cases !

Les règles de construction des carrés magiques impairs sont très simples :

1. Placez le chiffre 1 au centre de la rangée supérieure.
2. Le chiffre 2 se place en diagonale, en se déplaçant vers le haut, à droite. Comme il n'y a pas de case à cet emplacement, vous devez imaginer le carré en tant que tube et placer le chiffre dans la case de la rangée inférieure suivante.
3. Continuez à vous déplacer en diagonale, vers le haut, à droite, jusqu'à ce que vous rencontriez une case qui comporte déjà un nombre. Quand c'est le cas, placez le nombre suivant dans la case qui se trouve immédiatement sous le dernier nombre.
4. Continuez jusqu'à ce que tous les carrés soient remplis.

30	39	48	1	10	19	28
38	47	7	9	18	27	29
46	6	8	17	26	35	37
5	14	16	25	34	36	45
13	15	24	33	42	44	4
21	23	32	41	43	3	12
22	31	40	49	2	11	20

Figure 2c

Vous pouvez aussi essayer en vous déplaçant en diagonale vers le haut, en vous dirigeant vers la gauche au lieu de la droite. Cela fonctionne tout aussi bien. Si vous jouez aux échecs, vous devez connaître le déplacement du cavalier – deux cases en ligne droite et une en diagonale, ou une case vers le haut et deux cases en diagonale. Vous pouvez fabriquer des carrés magiques intéressants en vous déplaçant ainsi. Cependant, si vous optez, par exemple, pour deux cases en ligne droite et une vers la droite, assurez-vous que vous gardez ce déplacement dans tout le carré magique. Cela ne fonctionnera pas si, à un moment donné, lors de votre construction, vous commencez à vous déplacer en suivant une case en ligne droite et deux vers la droite, ou deux cases en ligne droite et une vers la gauche.

LES CARRES MAGIQUES PAIRS

Les carrés magiques pairs sont plus difficiles à réaliser que les carrés impairs. Il existe de nombreuses méthodes pour les construire, et dans le Chapitre Quatre, nous découvrirons la méthode adéquate pour fabriquer les carrés magiques yantras. En attendant, voici une méthode intéressante pour créer un carré magique de 4 x 4 cases.

Commencez par écrire le chiffre 1 dans la case gauche de la rangée supérieure. Le 2 se place dans la case suivante et est suivi du 3 et du 4. Ainsi, la rangée supérieure est complète.

La rangée suivante contient le 5, 6, 7 et 8.

Continuez à remplir les cases de la même manière jusqu'à ce que les chiffres et les nombres de 1 à 16 soient tous placés. (voir Figure 2D).

Maintenant, nous devons enlever les deux chiffres ou nombres qui se trouvent au milieu de toutes les rangées extérieures. Ce qui signifie qu'on enlève le 2 et le 3 dans la rangée supérieure, le 14 et le 15 dans la rangée inférieure. Puis on enlève le 5 et le 9 de la colonne de gauche et le 8 et le 12 de la colonne de droite (voir Figure 2E).

1	2	3	4
5	6	7	8
9	10	11	12
13	14	15	16

Figure 2D

On remplace alors ces chiffres et ces nombres d'une manière intéressante :

Le 2 et le 3 sont inversés et placés dans les cases où se trouvaient le 14 et le 15. Ainsi, la nouvelle rangée inférieure est la suivante : 13, 3, 2 et 16.

De la même manière, on inverse le 14 et le 15 et on les place dans les cases où se trouvaient le 2 et le 3. La nouvelle rangée supérieure est la suivante : 1, 15, 14 et 4. Vous pouvez imaginer ce qui reste à faire.

On inverse le 8 et le 12 et on les place dans les cases où se trouvaient le 5 et le 9.

Pour finir, on inverse le 5 et le 9 et on les place dans les cases où se trouvaient le 8 et le 12 (voir Figure 2F).

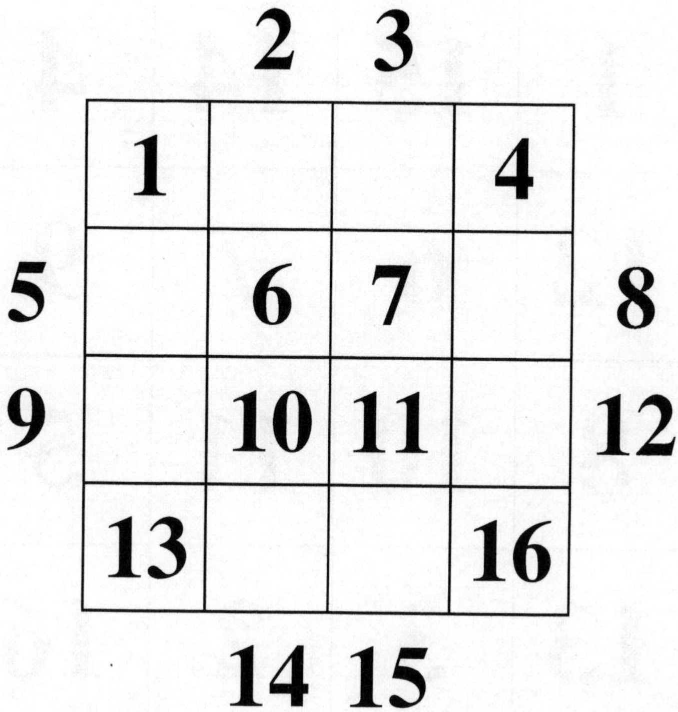

Figure 2 E

1	**15**	**14**	**4**
12	**6**	**7**	**9**
8	**10**	**11**	**5**
13	**3**	**2**	**16**

Figure 2 F

Vous découvrirez que le total de ce carré magique est 34 dans n'importe quel sens.

De la même façon, vous pouvez créer des carrés magiques de 4 x 4 cases de n'importe quelle taille, à condition que les seize chiffres et nombres forment des séries. Par exemple, si vous construisez un carré magique selon la suite 3, 6, 9, 12, etc. vous découvrirez qu'il totalise 102 dans n'importe quel sens.

Il existe de nombreuses autres méthodes pour construire des carrés magiques pairs[6] . Certaines méthodes sont extrêmement complexes et n'intéressent que les mathématiciens. Heureusement, la méthode qui permet de créer les carrés magiques yantras à partir de la date de naissance d'une personne est extrêmement simple.

[6] Andrews, W.S. *Les Cubes et les Carrés Magiques.* Editions Open Court, New York, NY, 1917, pp. 18-44. Reédité par les Editions Dover, New York, NY, 1960

Chapitre Trois :

L'Extraordinaire Carré De Wu

Lorsque Wu de Hsia[7] découvrit la tortue, alors qu'il travaillait aux améliorations du Fleuve Hwang Ho (Jaune) dans le but d'éviter les inondations, il ne soupçonnait pas les conséquences décisives que cela aurait sur les systèmes de divination dans le monde entier.

A cette époque, les Chinois pensaient que Dieu vivait dans les carapaces de tortues, ce qui ravit Wu lorsqu'il en découvrit une. D'autant plus qu'on considérait aussi la tortue comme un symbole de longévité et de bonheur.

Wu fut très étonné de trouver ce qui semblait être un carré magique parfait dans les marques de la carapace de cette tortue (voir Figure 3A). On l'appelle *Lo Shu,* ou l'Image du Fleuve. Il considéra ceci comme étant un message de Dieu qui l'aiderait à gouverner le pays de sorte que tout individu ait une existence heureuse, productive et longue.

A l'époque de Wu (2953-2838 av. J.C.) la civilisation chinoise était très avancée[8] . Ils avaient une langue écrite et un système complexe de croyances religieuses qui mettaient l'accent sur la vénération des ancêtres et le profond respect du passé.

---

[7] On connaît l'Empereur Wu de Hsia sous un grand nombre de noms. Excepté Wu, la version la plus populaire de son nom est Fu Hsie.

[8] Groves, Derham. *Le Feng-Shui et les Cérémonies liées aux Bâtiments Occidentaux.* Graham Brash, Singapoure, et Tyron Press, Scotland, 19661, p 6.

4	9	2
3	5	7
8	1	6

Figure 3A

Ils avaient aussi un système de divination qui utilisai « des os-oracles ». Ces os étaient généralement faits à partir de l'omoplate d'un bœuf ou de la partie inférieure de la carapace d'une tortue. On gravait des questions à la surface de ces os, puis on les faisait chauffer, ce qui avait pour effet de craqueler les os. Enfin, on interprétait les motifs qui apparaissaient.

On connaît cette pratique qui consiste à chauffer des os depuis la fin du cinquième millénaire av. J.C., lorsque les agriculteurs de l'époque néolithique commencèrent à l'utiliser. Étant donné qu'en ce temps, leur langue écrite ne comprenait qu'un petit nombre de caractères, on ne pouvait poser que des questions simples. On pense qu'ils interprétaient les craquelures des os chauffés après avoir posé leurs questions à haute voix. A l'époque de Wu, on gravait des questions très complexes sur les os et beaucoup existent toujours. Ils se sont avérés d'une importance capitale dans les recherches qui ont été menées sur la langue écrite chinoise. A l'époque de Wu, il y avait au moins 4.000 caractères et on utilisait cinq des sept éléments de notre discours (pronoms, verbes, adverbes, adjectifs et prépositions) pour poser les questions.

Presque tous les os qui ont été récupérés étaient utilisés pour la divination, mais un petit nombre d'entre eux était utilisé pour enregistrer le calendrier Shang. Celui-ci était un calendrier lunaire basé sur six semaines, de dix jours chacune. De nos jours, le cycle de soixante jours est toujours utilisé en Chine.

Il est probable que la plus importante collection d'os-oracles en dehors de la Chine se trouve au Musée de l'Institut Carnegie à Pittsburgh[9] .

Le motif qui figurait sur la tortue de Wu formait un carré magique parfait de 3 x 3 cases (voir Figure 3A). Le total de chaque rangée est quinze, que ce soit horizontalement, verticalement ou en diagonale. Au fil du temps, ce carré constituera la base du *Yi-King,* de l'astrologie chinoise, du *feng-Shui*, du *Ki*, du *Kigaku* japonais et d'autres formes de numérologie.

Les marques sur la carapace de la tortue étaient noires et blanches. On attribua le noir au yin et le blanc au yang. En apparence, les chiffres et les nombres impairs étaient blancs et les chiffres et les nombres pairs étaient noirs. Les taoïstes chinois pensaient que l'univers tout entier était classifié en yin ou en yang. Ils s'éloignèrent progressivement des découvertes originelles de Wu lorsqu'ils décidèrent quels chiffres ou nombres parmi les neuf portaient chance ou malheur. Un, trois et huit symbolisaient la chance pour les Taoistes. Le

---

[9] Vous trouverez de plus amples informations sur les os-oracles dans : *La Naissance de la Chine,* Herrlee Glessner, Editions Frederick Ungar, New York, NY, 1937 : *La Civilisations des Os dans la Chine ancienne,* William Charles White, Université de Toronto Press, Toronto, 1945 ; *Cinquante Années d'études sur les Inscriptions sur les Os-Oracles,* Tso-pin Tung, Centre d'études culturelles asiatiques, 1964 ; et *Les Sources de l'Histoire de Shang,* David N. Keightley, Université de California Press, 1978.

cinq pouvait tout aussi bien porter chance ou malheur. Le deux, le quatre, le six, le sept et le neuf symbolisaient tous la malchance[10] .

Selon la tradition ancienne, on affirme que la carapace de la tortue fut gardée à la cour de l'empereur jusqu'en 1079 av. J.C où elle fut perdue. Au douzième siècle, on en fit une copie, mais on n'a pas réussi à déterminer à quel point elle était conforme à l'original. Certains écrivains désapprouvent l'utilisation de cette reproduction qui date du 12ème siècle par des auteurs modernes[11] . Confucius mentionna la carapace de la tortue dans ses *Analectes*, lorsqu'il écrivit « *La rivière ne produit plus de diagrammes.*[12] »

Le carré magique de Wu fut rapidement connu dans le monde entier. Pythagore et ses adeptes l'étudièrent. Au Moyen-Age, Cornelius Agrippa lui donna le nom de Carré de Saturne et beaucoup de personnes pensaient qu'il renfermait le secret de l'alchimie.

LE YI-KING

Wu de Hsia s'inspira du carré magique qui se trouvait sur la carapace de la tortue lorsqu'il découvrit les huit trigrammes originaux du *Yi-King*. Certaines autorités prétendent que cela eut lieu en 3322 av. J.C[13] . Les lignes longues continues représentent l'énergie yang et les lignes discontinues celle du yin. Les huit trigrammes originaux (connus sous le nom de *Pa Kua*) n'avaient pas de nom et n'étaient pas expliqués, car cela n'était pas nécessaire pour des personnes qui étaient habituées à déchiffrer des images. (voir Figure 3B).

Vers 2205 av. J.C. le nombre des trigrammes a été multiplié pour former les 64 hexagrammes. Vers 1150 av. J.C., le

---

[10] Hulse, Davaid Allen. *La clé de L'univers.* Llewellyn Publications, St Paul, 1994, « *La sixième clé* ».

[11] Culling Louis. *Le Yi-King.* Llewellyn Publications, St Paul, 1989, pp. 2-6.

[12] Walters, Derek. *La voie du Yi-King.* Aquarian Press, Northamptonshire, 1987, p. 45. Ce livre a été tout d'abord publié en 1983 sous le titre *Le T'ai Hsüan Ching ;*

[13] Culling, Louis. *Le Yi-king* Pristin. Ibid., p.3

roi Wan fut la première personne à avoir consigné la signification de tous ces hexagrammes. Étant donné qu'à cette époque il était en prison, il devait faire très attention à ce qu'il écrivait, et une grande partie de ses écrits était délibérément obscure. Deux années plus tard, son fils, Due de Kau, écrivit une version plus claire des significations. La plupart des traductions modernes s'inspirent de son travail.

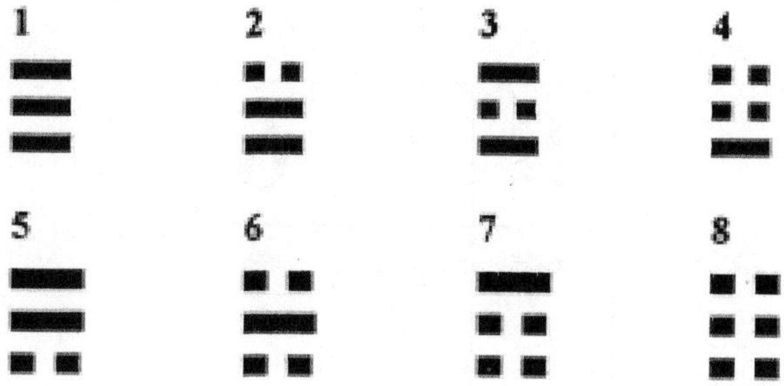

Figure 3B

LE T'AI HSÜAN CHING

Le *T'ai Hsüan Ching* est un autre système de divination de la Chine ancienne. Il est également dérivé du carré magique de Wu, mais il a été développé pour utiliser des carrés magiques de 9 x 9 cases. Tous les chiffres et les nombres de 1 à 729 ne sont utilisés qu'une seule fois. Lorsqu'on place ces diagrammes les uns sur les autres en forme de cube, cela donne des carrés magiques horizontalement, verticalement et en diagonale. Le total de chaque colonne de ce cube est 3285. Quand on place les diagrammes les uns sur les autres, le nombre ou le chiffre qui se trouve dans la case centrale du carré magique est 365, qui correspond au nombre de jours dans une année. Tout le système du *T'ai Hsüan Ching* tourne autour de ce centre, ce qui crée une œuvre d'une incroyable beauté, d'une perfection mathématique et d'une vision numérique globale extraordinaires. A l'origine, on utilisait le *T'ai Hsüan Ching* pour la divination et on trouvait des réponses en utilisant l'astrologie ou la numérologie.

LE KI

L'ancien système de divination chinois connu sous le nom de Ki utilise le yin et le yang (le noir et le blanc), mais aussi le carré magique de base (voir Figure 3A).

Cependant, dans ce système, on déplace les nombres pour créer huit autres carrés (voir Figure 3C).

8	4	6
7	9	2
3	5	1

7	3	5
6	8	1
2	4	9

6	2	4
5	7	9
1	3	8

5	1	3
4	6	8
9	2	7

4	9	2
3	5	7
8	1	6

3	8	1
2	4	6
7	9	5

2	7	9
1	3	5
6	8	4

1	6	8
9	2	4
5	7	3

9	**5**	**7**
8	**1**	**3**
4	**6**	**2**

Figure 3C

Ceux-ci ne sont pas des carrés « magiques », car la somme des nombres n'est pas 15. Le nombre que l'on place dans la case centrale du carré est déterminé par l'année de votre naissance. Vous pouvez le trouver en consultant le tableau 3D (lorsque vous consultez ce tableau, n'oubliez pas que dans le *ki*, l'année commence le 3 février et continue jusqu'au 2 février de l'année suivante.)

Par conséquent, si vous êtes né(e) en janvier 1960, le chiffre ou le nombre qui se trouve au centre de votre carte de naissance serait cinq, et non quatre, car selon ce système, vous êtes né(e) en 1959.

Puis, vous pouvez interpréter votre carré personnel, car chaque case représente une somme d'expériences. (voir Figure 3E).

Année	Nombre	Année	Nombre	Année	Nombre	Année	Nombre
1901	9	1931	6	1961	3	1991	9
1902	8	1932	5	1962	2	1992	8
1903	7	1933	4	1963	1	1993	7
1904	6	1934	3	1964	9	1994	6
1905	5	1935	2	1965	8	1995	5
1906	4	1936	1	1966	7	1996	4
1907	3	1937	9	1967	6	1997	3
1908	2	1938	8	1968	5	1998	2
1909	1	1939	7	1969	4	1999	1
1910	9	1940	6	1970	3	2000	9
1911	8	1941	5	1971	2	2001	8
1912	7	1942	4	1972	1	2002	7
1913	6	1943	3	1973	9	2003	6
1914	5	1944	2	1974	8	2004	5
1915	4	1945	1	1975	7	2005	4
1916	3	1946	9	1976	6	2006	3
1917	2	1947	8	1977	5	2007	2
1918	1	1948	7	1978	4	2008	1
1919	9	1949	6	1979	3	2009	9
1920	8	1950	5	1980	2	2010	8
1921	7	1951	4	1981	1	2011	7
1922	6	1952	3	1982	9	2012	6
1923	5	1953	2	1983	8	2013	5
1924	4	1954	1	1984	7	2014	4
1925	3	1955	9	1985	6	2015	3
1926	2	1956	8	1986	5	2016	2
1927	1	1957	7	1987	4	2017	1
1928	9	1958	6	1988	3	2018	9
1929	8	1959	5	1989	2	2019	8
1930	7	1960	4	1990	1	2020	7

Figure 3D

SE	S	SO
Arbre 4	**Feu 9**	**Terre 2**
Arbre 3	**Terre 5**	**Métal 7**
Terre 8	**Eau 1**	**Métal 6**
NE	N	NO

(E à gauche, O à droite)

Figure 3E

Un – Eau Blanche

Les personnes qui ont le chiffre un au centre de leur carte sont faciles à vivre, accommodantes, et sont souvent impliquées dans des activités créatrices. Elles sont à l'écoute d'autrui et s'entendent bien avec d'autres personnes. Elles savent faire la part des choses et s'élèvent souvent à des postes à responsabilités. Ce sont des dirigeants nés.

Deux – Terre Noire

Les personnes qui ont un deux au centre de leurs cartes sont stables, réfléchies et sociables. Elles sont honnêtes et sincères, mais aussi très sensibles. Elles ont le souci du détail, ce qui leur vaut parfois de manquer d'une vue d'ensemble. Étant donné qu'elles ont beaucoup de mal à déléguer, elles préfèrent généralement travailler seules.

Trois – Arbre Turquoise

Ce sont des personnes curieuses et impulsives. Elles expriment clairement leur point de vue et ont du mal à réfréner leurs émotions. Elles sont romantiques, idéalistes et se vexent assez facilement. Elles sont vives d'esprit et malignes, ce qui leur permet souvent de bénéficier d'une certaine prospérité financière.

Quatre – Arbre Vert

L'arbre quatre est plus réfléchi et plus prévenant que l'arbre trois. Les personnes qui ont un quatre dans la case centrale sont très intelligentes et font d'excellents philosophes ou administrateurs. Elles sont honnêtes et réagissent vivement lorsqu'elles pensent que la justice est bafouée. Il leur est souvent plus facile d'avoir une vue d'ensemble que de s'attacher aux détails.

Cinq – Terre Jaune

Les personnes qui ont le chiffre cinq au centre de leur carte possèdent le carré magique que Wu découvrit. Elles sont réalistes, terre-à-terre et ont l'esprit pratique. Ce sont des êtres judicieux qui attirent souvent les autres grâce à leur bon sens. En apparence, elles semblent douces, mais elles sont capables de défendre leur point de vue si cela est nécessaire. Elles aiment apprendre pour le simple plaisir d'apprendre. Elles aiment se lancer des défis à la hauteur de leurs capacités.

Six – Métal Blanc

Les personnes qui ont un six au centre de leur carte ont une volonté de fer et extériorisent peu ce qu'elles pensent en leur for intérieur. Elles gardent leurs idées pour elles. Elles sont indépendantes et il leur est souvent difficile de nouer des liens d'amitié avec quelqu'un et de les entretenir. Elles affichent une apparente fierté, mais sont de nature inquiète.

Sept – Métal Rouge

Ces personnes ont l'esprit pratique et ont les pieds bien sur terre. Elles savent bien négocier avec les autres et font d'excellents diplomates ou conciliateurs. Elles apprécient le luxe et, lorsque cela est possible, elles aiment s'entourer de choses de valeur et porter de beaux habits. Elles ont un véritable don de communication, ce qui leur fera choisir une carrière où elles auront le loisir d'exercer ce talent.

Huit – Terre Blanche

Ce sont des personnes sérieuses, raffinées et intelligentes. Elles réfléchissent à deux fois avant de prendre la parole et sont généralement introverties. Elles sont de nature prudente et évaluent bien le pour et le contre avant d'entreprendre quoi que ce soit. Elles connaissent souvent le succès vers la fin de leur existence. Beaucoup de ces personnes sont des aventuriers(ères) et manifestent un goût prononcé pour les voyages.

Neuf – Feu Pourpre

Ces personnes sont ouvertes, sociables et aiment l'aventure. Elles sont à l'aise en public et savent anticiper les besoins de celui-ci. Elles peuvent être impulsives et parlent parfois trop rapidement. Par conséquent, elles préfèrent avoir des ami(e)s qui partagent leurs opinions. Elles ont souvent du succès dans les affaires, car elles savent négocier avec leurs clients et elles savent comment acheter et vendre au meilleur prix.

Le système *ki* est extrêmement utile pour déterminer les compatibilités. Les cinq éléments (le Feu, la Terre, l'Eau, le Métal et le Bois –ou l'Arbre-) peuvent soit se compléter, soit entrer en conflit. Par exemple, si on place de l'eau sur du bois, cela l'aide à grandir. Mais l'eau n'aide pas le feu, car elle l'éteint. Par conséquent, quelqu'un qui serait né sous le signe de l'Eau Blanche ne s'entendrait pas bien avec quel-

qu'un né sous le signe du Feu Pourpre. Par contre, une personne née sous le signe de l'Eau Blanche s'entendra bien avec une autre personne née sous le signe de l'Arbre Vert.
Ce système est illustré par la Figure 3F. Les chiffres qui se situent dans les rectangles sur le pourtour extérieur s'entendent bien avec les chiffres qui sont dans les rectangles qui se situent de part et d'autre d'eux mêmes (en suivant les lignes pointillées), mais ne s'entendent pas avec les chiffres qui se situent en diagonale par rapport à eux-mêmes.
En ce qui concerne les compatibilités, les meilleures combinaisons sont indiquées à la Figure 3G.

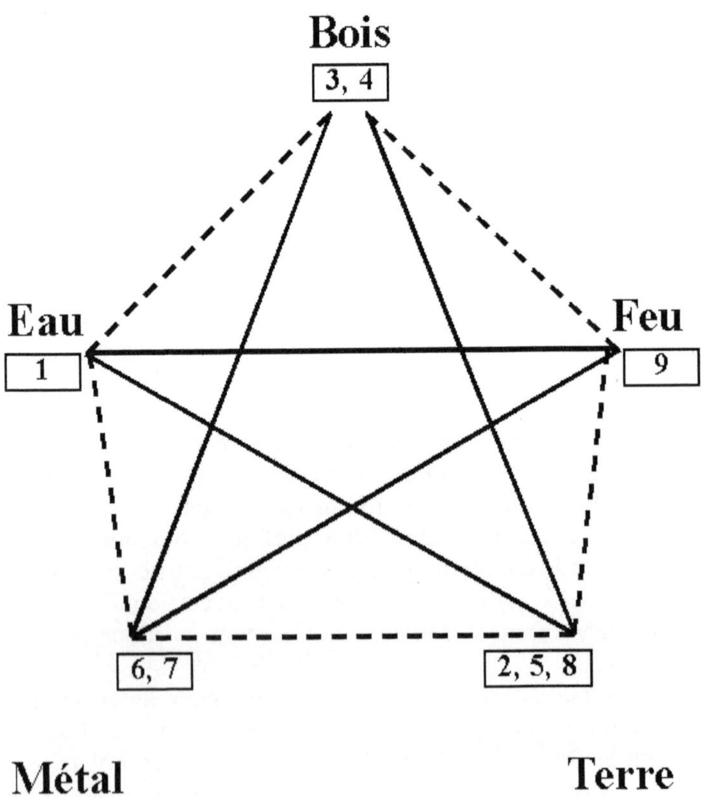

Figure 3F

Pour	les	Hommes	Pour	les	Femmes
Année de naissance	Meilleur partenaire	Partenaire favorable	Année de naissance	Meilleur partenaire	Partenaire favorable
1	3, 4	1, 6, 7	1	6, 7	1, 3, 4
2	6, 7	2, 5, 8, 9	2	9	2, 5, 6, 7, 8
3	9	1, 3, 4	3	1	3, 4, 9
4	9	1, 3, 4	4	1	3, 4, 9
5	6, 7	2, 5, 8, 9	5	9	2, 5, 6, 7, 8
6	1	2, 5, 6, 7, 8	6	2, 5, 8	1, 6, 7
7	1	2, 5, 6, 7, 8	7	2, 5, 8	1, 6, 7
8	6, 7	2, 5, 8, 9	8	9	2, 5, 6, 7, 8
9	2, 5, 8	3, 4, 9	9	3, 4	2, 5, 8, 9

Figure 3G : Tableau des compatibilités

Le système astrologique et numérologique du *ki* est extrêmement complexe. Ce que nous venons d'aborder n'est qu'un simple aperçu des douze signes solaires de l'astrologie occidentale.

LE FENG-SUI

Feng-Shui signifie « le vent et l'eau ». Il s'agit d'un mode de vie en harmonie avec les lois de la nature. Il est dérivé du yin et du yang, et est par conséquent lié à la tortue de Wu.

On considère que les neuf cases du carré magique de Wu sont les neuf palais de Ming T'ang, le temple dans lequel vivait l'Empereur. Au fil des saisons, il se déplaçait et élisait ses quartiers d'une pièce à l'autre du temple.

Au printemps, l'Empereur vivait pendant un mois dans chacune des trois chambres du Palais Ch'ing Yang (Yang Vert). Celui-ci était dans la partie est de la résidence impériale. En été, il vivait pendant trois mois dans la partie rouge située au sud, et passait à nouveau un mois dans chaque pièce. Puis, il passait quelque temps dans le centre jaune du palais impérial. On ne sait pas exactement combien de temps durait cette période. Puis, il passait l'automne dans la partie blanche à l'ouest de la résidence, et il finissait l'année pendant l'hiver dans les trois pièces de la partie noire située au nord[14]. Comme vous pouvez le constater, le Palais Impérial symbolisait le carré magique de Wu.

Par conséquent, les neuf cases du carré de Wu indiquent quelles sont les meilleures pièces de la maison pour certaines activités, et lesquelles sont le plus adaptées pour les différents membres de la famille.

Rappelez-vous que dans cette case, le sud est indiqué en haut. Le tableau ci-dessous indique les meilleures pièces pour la famille[15] .

Sud	Père
Nord	Mère
Sud-Ouest	Fils aîné
Est	Fils d'âge moyen
Nord-Ouest	Fils cadet
Nord-Est	Fille aînée
Ouest	Fille d'âge moyen
Sud-Est	Fille cadette

Toutefois, une grande partie du système *feng-shui* tel qu'il est utilisé actuellement ne date que de l'époque de la dynastie Sung (1126-1278). Selon les principes du f*eng-shui,* au commencement, il n'y avait qu'un « néant infini ». Et lorsque ce « vide absolu » changea pour la première fois, l'homme fut engendré. Au bout d'un certain temps, il se reposa, et pendant qu'il se reposait, il créa la femme. Nous obtenons ainsi le yin et le yang. Après s'être reposé, il changea à nouveau et continua dès lors de se transformer et de se reposer. On peut aussi interpréter l'homme et la femme comme étant le ciel et la terre. Grâce à un système de constante évolution et de changements permanents, tous les éléments du monde furent créés. Les énergies masculines et féminines continuent à s'entremêler. Parfois, elles s'harmonisent, parfois elles se déchirent mutuellement. La force vitale est appelée le *Ki,*

---

14 De Kermadec, Jean-Michel Huon. *L'Astrologie chinoise.* Unwin Paperbacks, Londres, 1983, pp. 17-18.

15 Skinner, Stephen. *Manuel Feng-Shui vivant de la Terre.* Routledge et Kegan Paul Ltd., Londres, 1982. Réédité par Graham Brash, Singapoure, 1983, pp. 65-67.

c'est l'énergie grâce à laquelle tout est constamment en mouvement.

LES PLANS DE PYTHAGORE

De nos jours, on utilise toujours le carré magique de Wu pour créer de nouveaux systèmes de divination. Il semblerait que le système connu sous le nom de Plans de Pythagore ait été inventé séparément, au siècle dernier, par un certain nombre de personnes. Austin Coates, un célèbre spécialiste de l'Orient, compte parmi les personnes qui conçurent ce système après quarante années de recherches. Le premier livre que j'ai trouvé sur ce système de numérologie est « *Les Nombres et leurs Influences* », publié en 1940[16] . Hettie Templeton, l'auteur de ce livre, vécut en Australie et c'est grâce à ses connaissances et à ses remarquables qualités de pédagogue que ce système de numérologie est mieux connu en Asie australe qu'ailleurs.

---

[16] Templeton, Hettie. *Les nombres et leur influence.* De Vorss & Co, Marina del Rey, Californie, 1940.

3	6	9
2	5	8
1	4	7

Figure 3H

Les Plans de Pythagore utilisent une grille de 3 x 3 cases, mais on place les chiffres et les nombres de la date de naissance d'une personne d'une certaine manière (voir Figure 3H). On place tous les « 1 » dans la case inférieure gauche. Ainsi, une personne née un 17 juillet 1965, aura deux « 1 » dans cette case. L'un vient du 17 (**1**+7) et l'autre de l'année 1965 (**1**+9+6+5). Cette personne aurait aussi deux « 7 » dans la case inférieure droite, un 5 dans la case du milieu, un 6 dans la case centrale supérieure, et un 9 dans la case supérieure droite. Vous trouverez la grille ainsi réalisée à la Figure 3I.

	6	9
	5	
11		77

Figure 3I

Lorsque les nombres sont placés, on cherche les « flèches ». On connaît aussi ce système sous le nom de « Flèches de Pythagore », car il utilisait un système de seize flèches directionnelles pour interpréter les grilles[17]. On obtient des flèches lorsque la grille comporte des rangées verticales, horizontales ou diagonales qui ont soit un nombre dans chaque case, soit aucun nombre dans aucune des cases. La grille que nous avons pris en exemple comporte une flèche : les chiffres 1, 5 et 9 qui créent une flèche diagonale.

Chaque niveau ou plan de la grille représente différents domaines de la vie d'une personne. La rangée supérieure (les chiffres 3, 6 et 9) représente l'intellect, la rangée du milieu

[17] Line, Julia. *Manuel de Numérologie.* Aquarian Press, Wellingborough, 1985, p. 74.

(2, 5 et 8) représente les émotions, et la rangée inférieure (1, 4 et 7) représente le côté pratique de la vie. On peut également décrire ces trois rangées d'une autre manière en les qualifiant d'esprit (rangée supérieure), d'âme (rangée du milieu) et de corps (rangée inférieure).

Une personne parfaite, à tout point de vue, aurait une grille qui ne comporterait aucun espace vide. Ceci, évidemment, est impossible. Les cases vides indiquent les domaines dans lesquels la personne doit travailler dur pour apprendre les leçons de la case correspondante.

Chaque chiffre a une signification particulière.

Un

C'est le chiffre de l'expression de soi. Les personnes qui n'ont qu'un 1 dans leur grille éprouvent quelques difficultés à exprimer ce qu'elles ressentent réellement.

Les personnes qui ont deux 1 s'expriment avec aisance et sont capables de faire la part des choses, lors d'un conflit.

Les personnes qui ont trois 1 sont souvent des « moulins à paroles ». Toutefois, il est possible de trouver des personnes très calmes qui ont trois 1. Parfois, on trouve les deux aspects chez une même personne.

Les personnes qui ont quatre 1 ou plus ont beaucoup de difficultés à s'exprimer.

Deux

C'est le chiffre de l'intuition et de la sensibilité. Les personnes qui ont un 2 ont une nature intuitive, mais se vexent facilement. Avoir plus de deux 2 accentue cette nature.

Trois

Ce chiffre renforce l'imagination et élève l'intellect. On considère qu'un ou deux 3 est une chose positive, mais les personnes qui en ont davantage ont tendance à mener leur vie dans un monde qu'elles créent de toutes pièces.

Quatre

C'est le chiffre de l'aspect pratique des choses et de la persévérance. Les personnes qui ont un 4 dans leur grille sont prêtes à travailler dur pour obtenir ce qu'elles souhaitent. Celles qui ont deux 4 ou plus sont habiles de leurs mains, mais elles rencontrent quelques difficultés à progresser dans leur vie.

Cinq

Ce chiffre est le signe d'une stabilité émotionnelle et d'une capacité à comprendre et à se mettre facilement à la place des autres. Les personnes qui ont deux 5 ou plus doivent accorder une importance particulière à leur foyer et à leur vie familiale, car c'est dans ce domaine qu'elles risquent de rencontrer le plus de difficultés.

Six

C'est le chiffre du foyer et de la famille. C'est au sein de leur foyer, entourées des êtres qui leur sont chers, que ces personnes seront les plus heureuses. Si elles n'ont pas leur propre foyer, elles s'engageront avec quelqu'un qui en a un. Les personnes qui ont deux 6 ou plus ont une tendance encore plus marquée à se préoccuper de leur foyer et de leur famille.

Sept

Sept est le chiffre du sacrifice. Les personnes qui ont un 7 dans leur grille doivent passer par des épreuves pour apprendre : généralement il s'agit d'une perte ou d'une déception. Plus il y a de 7 dans une grille, plus cela est accentué.

Huit

C'est le chiffre de la logique et d'un caractère pointilleux. Les personnes qui ont deux 8 ou plus ont aussi cette qualité, mais elles sont généralement très actives et se déplacent beaucoup.

Neuf

C'est le chiffre de l'idéalisme. Toutes les personnes qui sont nées au cours de ce siècle ont au moins un 9, ce qui caractérise une période pendant laquelle l'humanité prend de plus en plus conscience des besoins des autres. Les individus qui ont deux 9 sont habités par des pensées profondes. Ils peuvent avoir une attitude critique à l'égard des personnes qui sont moins intelligentes qu'eux. Les personnes qui ont trois 9 ou plus doivent apprendre à se reposer et à prendre les choses calmement.

Maintenant, nous pouvons considérer les flèches.

Flèche de l'intellect (3,6 et 9)

Cette flèche est le signe de l'intelligence et met davantage l'accent sur le côté intellectuel des choses que sur les sentiments. Les personnes qui ont cette flèche ont continuellement besoin de stimulations mentales.

Flèche de l'équilibre émotionnel (2,5 et 8)

Cette flèche équilibre efficacement le côté spirituel et physique de la vie et donne ainsi aux personnes qui la possèdent un équilibre émotionnel naturel.

Flèche de l'aspect pratique des choses (1,4 et 7)

Cette flèche caractérise une approche pratique, physique et souvent matérialiste de l'existence. Les personnes qui la possèdent sont habiles de leurs mains, mais cela peut se manifester de plusieurs manières. Par exemple, un plombier aussi bien qu'un pianiste pourraient avoir cette flèche.

Flèche de la planification (1, 2 et 3)

Cette flèche donne l'amour de l'ordre. Elle allie la pensée, l'intuition et l'expression. Les personnes qui ont cette flèche aiment planifier les choses à l'avance.

Flèche du Pouvoir de la Volonté (4, 5 et 6)

Cette flèche appartient aux personnes qui sont tellement obnubilées par la réalisation de leurs propres désirs qu'elles peuvent parfois en oublier les besoins des autres.

Flèche de l'Activité (7, 8 et 9)

Les personnes qui ont cette flèche aiment s'exprimer par leurs actions. Elles ont aussi besoin de paix et de calme, car il y a souvent un trop-plein d'énergie nerveuse.

Flèche de la Détermination (1, 5 et 9)

Cette flèche confère une grande détermination, alliée à la persévérance et à la patience.

Flèche de la Spiritualité (3, 5 et 7)

Cette flèche donne une sérénité intérieure et une profonde conscience spirituelle.

Flèche d'une mauvaise mémoire (espace dans 3, 6 et 9)

Pour les personnes nées au cours de ce siècle, il est impossible d'avoir cette flèche, mais elle apparaîtra bientôt à nouveau. Les personnes qui la possèdent ont davantage tendance à avoir des troubles de la mémoire à mesure qu'elles avancent en âge.

Flèche de l'hypersensibilité (espace dans 2, 5 et 8)

Les personnes qui ont cette flèche sont souvent timides et peuvent se vexer facilement. Elles sont aussi très sensibles.

Flèche des frustrations (espace dans 4, 5 et 6)

Les personnes qui ont cette flèche attendent des autres personnes qu'elles donnent plus qu'elles ne sont elles-mêmes prêtes à le faire. Elles essuient de nombreux échecs et elles ressentent de nombreuses frustrations.

Flèche du scepticisme (espace dans 3, 5 et 7)

Les personnes qui ont cette flèche développent une foi basée sur le questionnement à mesure qu'elles avancent dans leur vie. De nombreux médiums professionnels ont cette flèche.

Interprétons par exemple la grille d'une personne née le 17 juillet 1965 (voir figure 3I). Nous pouvons dire à cette personne :
« Vous êtes une personne bienveillante. Vous aimez aider les autres et vous êtes toujours prêt(e) à prêter main forte lorsqu'on vous le demande (ce renseignement nous est donné par la Voie de la Destinée dont nous parlerons dans le Chapitre Sept).
« Vous avez une flèche dans votre grille – la flèche de la Détermination. C'est positif, car cela signifie que vous pouvez résister lorsque les choses se compliquent. Vous êtes persévérant et patient.
« Au niveau intellectuel, vous avez un 6 et un 9. Ce qui vous donne une bonne intelligence, bien qu'elle soit spécialisée. Si quelque chose vous intéresse, vous pouvez la comprendre très rapidement. Si ce n'est pas le cas, vous pouvez l'oublier tout aussi vite. Le 6 signifie que vous êtes une personne tournée vers votre famille. Vous appréciez d'être chez vous entouré(e) des êtres qui vous sont chers. Cela accentue vos qualités humaines.
« Le 5 sur le plan émotionnel est un bon chiffre. Il vous donne une stabilité émotionnelle et la capacité de comprendre et de vous mettre à la place des autres. C'est le point-pivot de votre grille, quelle que soit la manière dont vous la considériez.
« Sur le plan pratique, vous avez deux 7 et deux 1. 7 signifie que vous apprenez par des chemins tortueux, souvent par une perte ou une déception. Souvent, les choses vont mal avant d'aller bien. Fondamentalement, vous tirez des leçons de vos erreurs.
« Deux 1 est parfait, car cela vous donne la faculté de vous exprimer facilement et la capacité de bien vous entendre avec les autres. Vous saisissez facilement le point de vue des autres personnes. »

La profondeur de ces informations n'est-elle pas stupéfiante, en considérant simplement et rapidement ce système de numérologie ? Il est possible d'obtenir beaucoup plus d'informations à partir de cette grille en examinant des domaines que nous n'avons pas mentionnés, tels que les nombres manquants. De telles choses vont au-delà des thèmes abordés dans ce livre.

Je trouve infiniment fascinant que le carré de 3 x 3 cases trouvé par Wu de Hsia ait été interprété de tant de manières différentes et qu'il ait engendré de nombreux autres systèmes qui peuvent toujours aider les gens, des milliers d'années après sa découverte. On peut également induire les effets de ce carré sur la conception des ordinateurs. Gottfried Leibnitz qui fut l'inventeur du système binaire s'intéressait de très près au *Yi-King*[18].

[18] De Kermadec, Jean-Michel Huon. *La Voie de l'astrologie chinoise.* Ibid., p. 13.

Chapitre 4 :

Votre Yantra Personnel

Votre yantra personnel est un carré magique qui est fabriqué à partir de votre date de naissance. Son interprétation peut révéler des aspects stupéfiants de votre personnalité et éclairer vos motivations.

La rangée supérieure de votre yantra personnel est créée à partir de votre date de naissance. Celle-ci est intégrée dans un carré magique de 4 x 4 cases et on attribue à chacune des 16 cases une lettre de l'alphabet. La première case dans le coin supérieur gauche se verra attribuer la lettre « A », la suivante la lettre « B », et ainsi de suite, pour finir par la lettre « P » dans la case située en bas à droite.

Afin d'illustrer notre propos, nous prendrons l'exemple d'une personne imaginaire née le 14 août 1965. Appelons-la Crystal.

Dans la case A, nous plaçons le nombre qui correspond au mois au cours duquel Crystal a vu le jour. Etant née en août, qui est le huitième mois de l'année, nous plaçons un « 8 » dans la case A. Puis nous mettons le jour de la naissance dans la case B. C'est le « 14 ». Dans la case C, nous plaçons les deux derniers chiffres de l'année de naissance de Crystal. Etant donné qu'elle est née en 1965, nous plaçons « 65 » dans la case C.

Jusqu'à présent, nous avons rempli les trois premières cases de la rangée supérieure. On obtient la dernière case (« D ») en additionnant tous les chiffres et les nombres de la date de naissance de Crystal, et en les réduisant à un seul chiffre. Il y a une seule exception. Si à un moment ou à un autre de cette réduction des nombres à un seul chiffre, on rencontre un 11 ou un 22, on arrête la réduction à ce stade.

On appelle le 11 et le 22 les Nombres-Maîtres. Nous reviendrons sur leur signification dans le chapitre suivant.

Il est préférable d'additionner les chiffres et les nombres de la date de naissance en écrivant une addition, plutôt que de les additionner sur une ligne horizontale.

Par conséquent, on additionne la date de naissance de Crystal comme suit :

```
     8
+   14
+ 1965
---------
  1987     = 1+9+8+7 = 25,  et 2 +5 = 7
```

Dans la case D, nous plaçons « 7 ». Ce qui complète la première rangée du carré magique de Crystal, ou yantra (voir figure 4A).

Prenons un autre exemple. Un de mes amis est né le 29 février 1944.

```
     2
    29
  1944
  ------
  1975     =  1+9+7+5 = 22
```

Rappelez-vous ce que j'ai dit à propos du 11 et du 22. Mon ami mettrait 22 dans la case D, car ni le 11, ni le 22 ne se réduisent à un seul chiffre.

A 8	**B** 14	**C** 65	**D** 7
E	**F**	**G**	**H**
I	**J**	**K**	**L**
M	**N**	**O**	**P**

Figure 4A

Vous vous demandez peut-être pourquoi nous écrivons une addition des nombres au lieu de les additionner sur une ligne horizontale. Quand on additionne de la sorte, nous risquons de perdre les Nombres-Maîtres. L'anniversaire de mon ami en est un exemple.

Le 29 février 1944 donnerait :
2+2+9+1+9+4+4 = 31, et 3+1 = 4

A 8	**B** 14	**C** 65	**D** 7
E C-2	**F** D+2	**G** A-2	**H** B+2
I D+1	**J** C+1	**K** B-1	**L** A-1
M B+1	**N** A-3	**O** D+3	**P** C-1

Figure 4B

Les Nombres-Maîtres confèrent à la personne des aptitudes spécifiques, et il est important qu'ils soient représentés dans le yantra. C'est pourquoi nous écrivons toujours une addition des nombres au lieu de les additionner sur une ligne horizontale.

Maintenant, nous pouvons additionner tous les nombres de la rangée supérieure et à nouveau les réduire à un seul chiffre (à moins que nous ne rencontrions un 11 ou un 22 pendant nos calculs).

Revenons au yantra de Crystal. Sa rangée supérieure se présente comme suit : 8, 14, 65 et 7. Le total de ces nombres est 94. Le chiffre 9 + 4 qui donnent 13, et 1 + 3 qui donnent 4. Dans la numérologie indienne, on interprète aussi ce chiffre, mais en Occident, on n'en tient généralement pas compte.

Le total de la rangée supérieure est 94. Ce qui signifie que toutes les autres rangées, qu'elles soient horizontales, verticales ou en diagonale, doivent aussi totaliser 94.

C'est ce que nous faisons en utilisant le cadre de la Figure 4B. Au premier abord, cela peut sembler intimidant, mais vous verrez que cela est très simple lorsque que vous aurez construit quelques yantras. Complétons le carré magique de Crystal.

Selon la Figure 4A, nous avons un 8 dans la case A. Si vous consultez la case G de la Figure 4B, vous verrez qu'il y est inscrit « A-2 ». La case A est 8, donc 8 – 2 donne 6. Par conséquent, nous mettons le chiffre 6 dans la case G du carré de Crystal. La case L est A – 1, nous mettons donc le chiffre 7 dans cette case. Puis nous mettons le chiffre 5 dans la case N, car A – 3 est 8 – 3 = 5 dans le yantra de Crystal. Ce qui complète tous les chiffres liés à la case A.

Maintenant, nous allons calculer les chiffres et les nombres liés à la lettre B. Dans la seconde rangée, H est B + 2. Crystal a 14 dans la case B, donc B + 2 est 14 + 2. 14 + 2 donnent 16, nous mettons donc ce nombre dans la case H. La case K dans la troisième rangée est B – 1. Ce qui donne 14 – 1 dans le cas de Crystal, nous mettons donc le nombre 13 dans cette case. Nous complétons les nombres B en mettant 15 dans la case M (parce qu'elle se présente sous la forme B + 1).

A **8**	**B** **14**	**C** **65**	**D** **7**
E **63**	**F** **9**	**G** **6**	**H** **16**
I **8**	**J** **66**	**K** **13**	**L** **7**
M **15**	**N** **5**	**O** **10**	**P** **64**

Figure 4C

Nous passons maintenant à la case C et nous insérons les nombres C de la même manière. La case E reçoit le nombre 63 (E est C – 2). Dans la case J on met le nombre 66 (C + 1) et dans la case P on met 64 (C – 1). Vous allez probablement plus vite que moi maintenant. Les nombres D complètent le yantra de Crystal. Dans la case F, on met le chiffre 9 (D + 2), dans la case I on met un 8 (D + 1), et dans la case O on place le nombre 10 (D + 3).

Vous avez maintenant complété votre premier yantra (voir Figure 4C). Vérifiez-le en additionnant les lignes horizontales, verticales et diagonales. Par exemple, les cases A, E, I, et M sont 8, 63, 8 et 15. La somme de ces chiffres et de ces nombres est 94. Les cases E, F, G et H donnent 63, 9, 6 et 16 qui donnent aussi 94. La diagonale M, J, G et D est composée de 15, 66, 6 et 7, ce qui donne aussi 94. Essayez les quatre coins A, D, M et P. Nous obtenons 8, 7, 15 et 64 dont la somme est à nouveau 94. Essayons F, G, J et K : 9, 6, 66 et 13, ce qui donne aussi 94. De même que A, B, E et F. Essayons le carré de 3 X 3 cases : F, H, N et P. Ce qui donne 9, 16, 5 et 64. Étonnamment, cela donne 94 ! Maintenant, vous commencez à entrevoir la fascination que ces carrés magiques ont suscité depuis des milliers d'années.

Crystal peut porter son yantra sur elle comme un talisman pour attirer la chance. Si elle le souhaite, elle peut le faire graver sur un pendentif et le porter autour du cou ou du poignet. C'est son yantra personnel, qui a été construit à partir de sa date de naissance. Les autres personnes qui sont susceptibles de porter un yantra identique au sien dans le monde sont celles qui sont nées exactement le même jour, le même mois et la même année.

Comme vous le voyez, cela ne demande quasiment pas de connaissances mathématiques. Si vous savez additionner et soustraire, tout cela est très simple.

Essayons-en un autre pour nous entraîner. Cette fois, nous allons faire le yantra de mon ami né le 29 février 1944 (voir Figure 4D).

A 2	**B** 29	**C** 44	**D** 22
E 42	**F** 24	**G** 0	**H** 31
I 23	**J** 45	**K** 28	**L** 1
M 30	**N** -1	**O** 25	**P** 43

Figure 4D

La rangée supérieure se présentera comme suit : 2, 29, 44 et 2. La case A est le chiffre 2. Nous regardons la case G et nous trouvons A – 2. 2 – 2 = 0. Par conséquent, nous inscrivons 0 (zéro) dans la case G. Nous mettons un 1 dans la case L (A – 1). Nous arrivons maintenant à la case N qui est A – 3. 2 – 3 = moins 1, nous devons donc mettre –1 dans la case N. Comme vous venez de le découvrir, vous pouvez obtenir des chiffres et des nombres négatifs. Ils ont une signification particulière, qui sera expliqué dans le chapitre Six.

Les nombres B sont tous simples. Nous mettons 31 dans la case H (B + 2). On met vingt-huit dans la case K (B – 1), et 30 dans la case M (B + 1).

Il en va de même pour les nombres C : 42 dans la case E (C – 2), 45 dans la case J (C + 1), et 43 dans la case P (C –

1). Les nombres D sont : 24 dans la case F, 23 dans la case I, et 25 dans la case O.

Vérifiez vos comptes en additionnant quelques-unes des rangées horizontales, verticales ou diagonales. Les cases I, J, K et L sont constituées de 23, 45, 28 et 1 qui donnent 97. Les cases N, J , F et B sont composées de –1, 45, 24 et 29 qui donnent aussi 97. Les cases M, J, G et D contiennent les nombres 30, 45, 0 et 22 dont la somme est aussi 97.

Entraînez-vous à créer des yantras pour votre famille et vos amis. Le moyen le plus facile de mémoriser la formule est de construire autant de carrés que possible. Dans le chapitre suivant, nous allons commencer à les interpréter.

Chapitre Cinq :

La Signification de Chaque Case

Le fait d'associer une lettre de l'alphabet à chacune des cases facilite grandement la construction des yantras. Toutefois, là n'est pas la raison d'être de ces lettres. Le but réel est de vous donner les clés d'un code qui correspondent aux différents domaines liés à la vie d'une personne, auxquels correspondent des cases particulières. Chaque lettre constitue un moyen mnémotechnique.

1. **Les cases A, B et C** se rapportent uniquement à la date de naissance d'une personne et ne font pas l'objet d'une interprétation ultérieure.

2. **La case D** renferme le mot-clé de la destinée. En numérologie, le chiffre ou le nombre qui se trouve dans cette case représente la Voie de l'existence et révèle le but que la personne s'est fixé dans sa vie. Étant donné qu'il s'agit du chiffre ou du nombre le plus important en numérologie, nous prêterons une attention toute particulière à cette case, car cela a une incidence sur tous les autres nombres.

3. **La case E** renferme deux mots-clés, celui de l'enthousiasme et celui de l'énergie. Le chiffre ou le nombre qui se situe dans cette case indique les domaines dans lesquels la personne sera la plus enthousiaste et la plus active.

4. **La case F** se rapporte à la famille et aux amis. Le chiffre ou le nombre qui se trouve dans cette case révèle la manière dont une personne se comporte envers les personnes importantes de sa vie.

5. **La case G** représente la générosité. Le chiffre ou le nombre qui se trouve dans cette case indique dans quel domaine la personne sera la plus généreuse. Cela peut se rapporter à l'argent, mais cela peut également avoir un rapport avec le don de soi en se montrant généreux de son temps ou en dépensant son énergie sans compter.

6. **La case H** se rapporte à l'aspect humanitaire. Ce chiffre ou ce nombre indique le domaine dans lequel la personne a le plus de chance d'aider autrui.

7. **La case I** comporte le mot-clé de l'intuition. Le chiffre ou le nombre qui se trouve dans cette case indique le domaine dans lequel la personne a le plus de chance d'utiliser son intuition.

8. **La case J** correspond au mot-clé de la joie de vivre. Le chiffre ou le nombre de cette case indique le domaine dans lequel la personne est la plus heureuse.

9. **La case K** se rapporte au Karma. Le chiffre ou le nombre qui se trouve dans cette case révèle les leçons karmiques dont la personne doit s'acquitter, au cours de son existence.

10. **La case L** contient la clé de l'amour. Le chiffre ou le nombre qui se trouve dans cette case montre le type de relation amoureuse qu'une personne a le plus de chance de connaître.
11. **La case M** se rapporte à l'argent. Le chiffre ou le nombre qui s'y trouve révèle le rapport que la personne entretient avec l'argent.

12. **La case N** comporte le mot-clé de la nature du développement. Le chiffre ou le nombre qui se trouve dans cette case montre les domaines dans lesquels la personne peut entreprendre quelque chose et évoluer progressivement.

13. **La case O** se rapporte aux occasions. Le chiffre ou le nombre qui s'y trouve montre les domaines d'activités dans lesquels la personne aura le plus d'opportunités.

14. Pour finir, **la case P** comporte la clé de la philosophie. Le chiffre ou le nombre qui s'y trouve indique le type de foi ou de philosophie que la personne développera tout au long de son existence.

Pour interpréter la carte, il nous suffit maintenant d'associer la signification des nombres avec le mot-clé de chaque lettre qui se trouve dans chacune des cases. Nous traiterons de quelques principes de base de la numérologie dans le chapitre suivant.

Chapitre Six :

La Signification des Nombres

Chaque chiffre ou nombre a une signification particulière qu'on associe au mot-clé de chaque case pour connaître le potentiel d'une personne dans treize domaines différents de sa vie.

Un

Le chiffre un représente l'individualité et l'indépendance. Le un veut être à un poste de dirigeant ou dans une position qui lui permet d'exercer son autorité. C'est un chiffre puissant et fort qui a rarement besoin des autres nombres. Le un est très indépendant et souhaite mener sa vie comme il l'entend.

Deux

Le deux est le chiffre du partenariat, du tact et de la diplomatie. Ce chiffre a souvent un rôle pacificateur qui apaise les conflits. Il est capable de faire en sorte que les autres se sentent à l'aise. Il souhaite être en harmonie avec les autres et il veut être aimé. Contrairement au chiffre un, il a besoin des autres et travaille bien en partenariat. Le un veut que ses actes soient reconnus. Le chiffre deux se contente souvent de la deuxième place, qui est « le pouvoir derrière le trône ».

Trois

Le trois veut exprimer les joies de la vie. C'est un chiffre qui est essentiellement lié à la communication, un domaine dans lequel il exerce ses talents. Il est aimable et plaisant. Il peut être créatif, mais il manque parfois de motivation et il se contente souvent d'aborder différents sujets d'une manière superficielle. Il approfondit rarement ce qu'il apprend. Le trois est un chiffre positif et se remet très rapidement de ses échecs.

Quatre

Le quatre est le chiffre du travail acharné, du système et de l'ordre. C'est le chiffre du travailleur assidu. Le quatre parvient toujours à ses fins, mais il progresse lentement et régulièrement. Il est capable de mettre en place un système et de faire régner l'ordre là où il n'existait rien auparavant. Il travaille au mieux dans le cadre de limites bien définies, et par conséquent il est souvent connu comme étant le chiffre de la restriction.

Cinq

Le cinq représente le changement et la variété. C'est souvent la « pierre qui roule » qui accumule de nombreuses expériences, mais qui ne cesse de bouger et qui se repose rarement. Ce chiffre est souvent lié aux voyages, car c'est un moyen très efficace d'échapper à la routine de tous les jours, et cela permet de découvrir en permanence de nouveaux visages et de nouveaux endroits. Le cinq est perturbé lorsqu'il se sent emprisonné et il peut s'enfuir dès qu'il a l'impression qu'on va restreindre ses moyens ou qu'il est contraint de faire quelque chose.

Six

Le six représente le foyer et les responsabilités familiales. C'est l'un des deux chiffres qui a des penchants humanitaires. Le six aime aider les autres et c'est toujours la personne vers laquelle les autres se tournent lorsqu'il y a des déséquilibres dans leurs vies. Ce chiffre est toujours prêt à donner, et il lui est souvent difficile de combler ses propres besoins en raison de ceux des autres. Le six se consacre principalement à sa famille et il est au comble du bonheur lorsqu'il est entouré de ceux qu'il aime. Le six est aussi un chiffre créatif.

Sept

Ce chiffre représente l'analyse et la sagesse. Le sept met tout en question. Il se complaît dans des quêtes solitaires et a besoin de passer beaucoup de temps seul pour apprendre et pour comprendre les vérités cachées. Ce chiffre est « différent » et il semble être sur une longueur d'onde différente de celle des autres chiffres. Ce qui lui permet d'accéder à des approches uniques ; mais en contrepartie, cela a pour conséquence que les autres éprouvent quelques difficultés à comprendre les motivations de ce chiffre. Il témoigne d'une très grande originalité. Pour finir, ce chiffre est le signe de la spiritualité et de la sagesse.

Huit

C'est le chiffre du pouvoir et de l'argent. Ce chiffre est très motivé et veut atteindre les objectifs qu'il a fixés dans le domaine financier. Il est fort, mais il peut aussi se montrer borné et rigide. Il est prêt à travailler dur et longtemps pour parvenir à ses fins. Heureusement pour lui, il est très résistant et peu sensible, car il est prêt à écraser les autres s'ils essaient de se mettre en travers de son chemin. Il est intéressant de noter que, dès lors que le huit a atteint ses objectifs financiers, il peut se montrer très généreux.

Neuf

Le chiffre neuf est le deuxième chiffre qui est orienté vers l'humanitaire (l'autre est le six). Le six se préoccupe des personnes qui lui sont proches. Le neuf est plus universel, mais également plus détaché. Il prend soin des personnes en général plus qu'en particulier. Il aime aider, mais ne veut pas devenir trop impliqué dans des cas particuliers. Le neuf est aussi un chiffre créatif.

Onze

Le onze est le premier des deux Nombres-Maîtres. Il confère un énorme potentiel et de grandes idées. Malheureusement, le onze ne va pas souvent jusqu'au bout de ses possibilités et ses idées ne sont pas toutes très pratiques. Ce chiffre présente un énorme potentiel, mais il exploite rarement tous ses talents. Il y a toujours un certain degré de nervosité autour du onze. Ce qui peut parfois aller à l'encontre de ses propres intérêts.

Vingt-deux

Le vingt-deux renferme le mot-clé du Maître-Entrepreneur. Il possède les idées du chiffre onze, mais il est capable de les réaliser dans la pratique. Il peut travailler à un niveau national ou international, et il trouve son bonheur lorsqu'il travaille pour quelque chose de stimulant et d'important. Tout comme le chiffre onze, les tensions nerveuses peuvent générer des problèmes. Le succès est toujours très long à venir pour le vingt-deux. Ses capacités sont évidentes aux yeux de tous, sauf pour le vingt-deux qui, au début, peut travailler en n'utilisant qu'une infime partie de son potentiel parce qu'il n'est pas à l'aise lorsqu'il côtoie de grandes idées et qu'il est confronté à de grands projets. Une fois sur les rails, rien ne peut arrêter le vingt-deux.

Maintenant vous connaissez les significations de base des chiffres et des nombres ainsi que les mots-clés de chaque case. Il nous faut les confronter avant de pouvoir les interpréter pleinement.

Chapitre Sept :

La Case « D » – Le Chiffre de la Destinée

Le chiffre qui se trouve dans la case D est le chiffre de la Destinée. C'est la somme de la date de naissance d'une personne réduite à un seul chiffre (à moins, bien sûr, qu'il ne s'agisse du 11 ou du 22). Vous devez vous rappeler qu'il faut réduire la date de naissance à un seul chiffre en écrivant une addition et non pas en additionnant les nombres sur une seule ligne horizontale.

Le chiffre que l'on obtient est appelé la Voie de l'existence de la personne. Très peu de gens ont conscience de leur destin, c'est pourquoi le fait de connaître ce chiffre peut se révéler très utile.

Un

Une personne dont la Voie de l'existence est le un devra apprendre à se débrouiller toute seule et devra acquérir son indépendance. Ce n'est pas une chose facile à apprendre. Beaucoup de personnes qui se trouvent sur cette voie débutent leur vie en étant dépendantes, et gagnent peu à peu confiance en elles au fil des ans. La position finale pour une personne qui se trouve sur cette voie est à un poste de dirigeant. Ce peut être à un poste de direction, en tant que travailleur indépendant, ou à n'importe quel autre poste qui lui offre suffisamment de responsabilités.

Deux

Une personne dont la voie de l'existence est deux devra faire l'apprentissage de la diplomatie. C'est une voie agréable, car elle sera instinctivement capable de faire en sorte que les autres se sentent à l'aise. Toutefois, elle sera parfois trop sensible et devra apprendre à maîtriser ses émotions. Ce chiffre est naturellement intuitif, et cette sensibilité se manifeste souvent dans les domaines métapsychiques.

Trois

Une personne sur cette voie apprendra à s'exprimer par ses propres moyens, d'une manière créative. Cela peut se manifester de différentes manières, aussi bien par la parole, l'écriture ou la musique, etc. Le plus souvent, ce sera la communication verbale. Cette voie est assez agréable, car le chiffre trois est lié à une certaine légèreté. Il y a des risques que cette personne ne se contente de rester à la surface des choses et qu'elle en oublie de développer ses talents.

Quatre

C'est le chiffre du système et de l'ordre. Une personne qui se trouve sur la Voie de l'existence du quatre doit apprendre à établir et à maintenir un système ordonné. Elle devra prêter attention aux moindres détails, et travailler dur et longtemps lorsque c'est nécessaire. Ce n'est pas une voie facile. Cette personne regardera les autres prendre des raccourcis et du bon temps et pourrait ne pas apprécier de devoir travailler aussi dur. Toutefois, le travail assidu finit par porter ses fruits.

Cinq

Une personne sur cette voie doit apprendre à gérer les changements perpétuels et variés. Les jeunes gens qui se trouvent sur cette voie pourront être une source d'inquiétudes pour ceux qui les aiment. Ils ont parfois une attitude fantasque et ils semblent incapables de s'installer. Toutefois, une fois qu'ils ont trouvé la bonne voie, leurs progrès peuvent être remarquables. Les personnes qui sont sur cette voie ont toujours besoin d'être stimulées par un objectif passionnant. Généralement, elles essaient de trouver une carrière trépidante et variée. Sinon, elles comblent leur besoin de variété dans de nombreux passe-temps et centres d'intérêt inhabituels.

Six

Les personnes qui sont sur cette voie apprendront à assumer leurs responsabilités, particulièrement dans le cadre familial. Elles apprécieront d'être en compagnie de ceux qu'elles aiment et de prendre soin d'eux. Elles ont toutefois besoin d'être certaines que leurs propres besoins sont satisfaits, et qu'elles ne sont pas exploitées par les autres. Cette voie de l'existence peut apporter beaucoup, et une personne peut donner – et recevoir en retour - beaucoup d'amour. Le chiffre six est aussi un chiffre hautement artistique et créateur, ce qui a pour conséquence que les personnes qui suivent cette voie trouvent leur bonheur dans la poursuite des activités artistiques.

Sept

Le sept est une voie de l'existence très puissante. Les personnes qui sont sur cette voie doivent apprendre à analyser et à faire preuve de discrimination. C'est une voie orientée vers l'introspection, et elles devront passer beaucoup de temps seules sans se sentir solitaires. A mesure qu'elle progresseront dans la vie, elles se forgeront une philosophie et une foi, et elles finiront par gagner en sagesse et en savoir.

Huit

Les personnes qui sont sur cette voie doivent apprendre à gérer leur argent et de grandes dépenses. Elles ont besoin de se lancer un défi qui peut avoir des retombées financières. Elles auront des vues bien arrêtées et rigides, et elles devront apprendre à se montrer plus souples. Elles doivent être d'une honnêteté sans faille, car un huit avide fera inévitablement l'expérience des pertes.

Neuf

Les personnes qui sont sur cette voie doivent apprendre à devenir plus humaines. C'est une voie positive, mais nombreux sont ceux qui la suivent qui rechignent à l'idée de devoir toujours donner. Elles tireront leur plus grand mérite dans le fait de donner sans espoir de retour. C'est une leçon difficile à apprendre, et les jeunes gens qui sont sur cette voie essaient de tourner les choses à leur avantage et deviennent les utilisateurs qui se servent au lieu de donner. Ceci ne leur procure aucune satisfaction. Le chiffre neuf, tout comme le trois et le six, est un chiffre créatif qui présente un potentiel considérable. De nombreux neuf font leurs dons sous une forme créatrice.

LES DEUX NOMBRES MAITRES

En numérologie, les personnes qui ont des Nombres Maîtres sont considérées comme des « esprits anciens ». En d'autres termes, elles ont vécu de nombreuses vies antérieures et ont progressivement évolué et se sont développées. Elles ont probablement déjà compris les leçons les plus faciles et maintenant, dans leurs vies présentes, elles doivent faire face à des défis beaucoup plus stimulants. Elles vont certainement passer une grande partie de leur vie à essayer de maîtriser les énergies spécifiques qui sont liées à un Nombre-Maître. Par conséquent, elles atteignent généralement le sommet de leur gloire à la fin de leur vie. Bien sûr, nombreuses sont les personnes qui pensent qu'il est trop difficile d'agir et de travailler à un niveau inférieur. Un onze pourrait se réduire à un deux, et un vingt-deux à un quatre. Elles seraient alors conscientes du fait qu'elles n'accomplissent qu'une infime fraction de ce qu'elles sont capables de faire, mais elles préféreraient rester dans la médiocrité plutôt que d'essayer de maîtriser les énergies de leur Nombre-Maître.

Onze

Le onze est le nombre de l'inspiration et de l'illumination. Les personnes qui sont sur cette voie nourrissent de grands desseins. Leur Nombre Maître leur permet d'accéder à de nombreuses idées et concepts. Elles doivent les évaluer avec discernement et ne retenir que ceux qui sont pratiques. Elles passent beaucoup de temps à rêver. Elles doivent aussi s'assurer qu'elles consacrent suffisamment de temps à faire en sorte que leurs rêves deviennent réalité.

Vingt-deux

Les personnes qui sont sur cette voie sont capables de réaliser n'importe quoi, dès qu'elles ont appris à maîtriser l'énergie nerveuse qui est toujours présente autour des Nombres-Maîtres. Elles ont accès aux mêmes idées que le onze, mais elles sont assez censées pour en faire bon usage. Ce nombre est connu comme étant le Maître-Entrepreneur, et les personnes qui suivent cette voie peuvent réaliser quasiment tout ce qu'elles entreprennent. Dans l'idéal, il doit s'agir d'un projet à une grande échelle.

Chapitre Huit :

Les autres Cases

La case D est indépendante, et est extrêmement importante, car elle révèle la Voie de l'existence d'une personne. Toutes les autres cases sont liées à différents aspects de la personnalité. Les chiffres ou les nombres qui se trouvent dans chacune des cases nous donnent des indications sur la manière dont une personne s'exprime dans les domaines particuliers représentés par chaque case.

Tout d'abord, nous devons réduire à un seul chiffre le nombre qui se trouve dans chaque case, sauf, bien sûr, dans la case des Nombres-Maîtres. Prenons un exemple.

Supposons que nous construisions un yantra pour un homme né le 20 mars 1974 (voir Figure 8A). D est déjà un chiffre, car nous l'avons réduit lorsque nous avons fait les calculs nécessaires pour déterminer sa Voie de l'existence. Mais la case E comporte le nombre 72. Dans ce cas, et uniquement pour illustrer notre propos, nous additionnons les deux chiffres, ce qui nous donne 9 (7 + 2 = 9). Nous ne modifions pas le nombre 72 dans le yantra. Les cases F et G sont déjà des chiffres, nous les laissons donc comme elles sont. H est 22. Additionnons-nous les deux 2, ou devons-nous les laisser tel quel ? Nous les laissons comme ils sont, car 22 est un Nombre-Maître. La case I est un chiffre, et la case J est 75. Ce que nous réduisons à 3 (7 + 5 = 12, et 1 + 2 = 3). De la même manière, on réduit la case K à 1, la case M à 3, et la case P à 1.

A **3**	**B** **20**	**C** **74**	**D** **8**
E **72**	**F** **10**	**G** **1**	**H** **22**
I **9**	**J** **75**	**K** **19**	**L** **2**
M **21**	**N** **0**	**O** **11**	**P** **73**

Figure 8A

Ce faisant, nous pouvons interpréter n'importe quel nombre, dès qu'on connaît la signification des chiffres de 1 à 9, et celle du 11 et du 22. Généralement on réduit un nombre à deux chiffres à un seul chiffre. Cependant, plus nous approchons de l'an 2000, et plus vous rencontrerez parfois des nombres à trois chiffres. Il suffira alors de les réduire à un nombre à deux chiffres, puis de les réduire à un seul chiffre. Nous sommes maintenant en mesure d'interpréter chacune des cases.

LES CHIFFRES ET LES NOMBRES DE LA CASE E

Mots clés : Enthousiasme et Énergie

Un

Les personnes qui ont le chiffre un dans la case E s'engagent avec beaucoup d'enthousiasme et d'énergie dans ce qu'elles entreprennent. Elles se fixent leurs propres objectifs et les poursuivent avec beaucoup de détermination. Elles sont au mieux lorsqu'on les laisse se débrouiller par elles-mêmes, et lorsque l'intervention d'autrui reste limitée.

Deux

Les personnes qui ont le chiffre deux dans la case E consacrent leur enthousiasme et leur énergie à leurs proches. Elles apprécient la compagnie des autres et souhaitent être proches des personnes qu'elles aiment. Elles ont besoin d'être aimées des autres. Elles font des efforts avec tout le monde et voient invariablement le côté positif des personnes qu'elles rencontrent. Elles peuvent aussi engager leur enthousiasme et leur énergie au service de leur évolution psychique.

Trois

Si vous avez le chiffre trois dans la case E vous êtes réellement passionné(e) ! Vous aimez vous divertir. Vous dépensez beaucoup d'énergie et vous êtes très enthousiaste lorsque vous organisez des divertissements et y participez. Vous avez tendance à dissiper vos énergies en vous essayant à un trop grand nombre d'activités. Vous pouvez faire preuve de créativité, mais vous manquez souvent de motivation pour venir à bout de ce que vous entreprenez.

Quatre

Quatre est le chiffre du travail assidu, et les personnes qui ont ce chiffre dans la case E aiment les défis. Elles consacrent leur énergie et leur enthousiasme à la réalisation d'objectifs qui en valent la peine. Elles éprouvent peu de plaisir quand les choses arrivent trop facilement ; elles sont stimulées par les défis, et plus c'est difficile, plus cela leur plaît. Étant donné que la réalisation des objectifs qui en valent la peine exige beaucoup de temps, elles sont portées par leur enthousiasme même lorsqu'elles doivent passer par des étapes plus lentes et moins stimulantes. Et quand finalement elles émergent triomphalement, leur enthousiasme est toujours là.

Cinq

Ces personnes consacrent beaucoup d'enthousiasme et d'énergie à des activités passionnantes et variées. Elles ont soif d'insolite et d'originalité. Elles sont très heureuses à l'idée d'organiser à l'avance un voyage et de le faire par la suite. Elles ont parfois tendance à prendre des risques pour essayer d'échapper à la routine et au quotidien. Ces personnes gardent un esprit jeune, tout au long de leur vie.

Six

Les personnes qui ont le chiffre six dans la case E consacrent leur énergie et leur enthousiasme à leur foyer et à leur famille. Elles apprécient de faire des petits travaux dans la maison et elles aiment les activités au sein de la famille. Elles sont prêtes à tout pour ceux qu'elles aiment, et elles ont parfois tendance à se sacrifier elles-mêmes. Elles aiment embellir leur environnement et elles engagent beaucoup d'énergie pour réaliser des choses qu'elles jugent créatives.

Sept

Les personnes qui ont le chiffre sept dans la case E consacrent leur énergie et leur enthousiasme à apprendre et à leur évolution spirituelle. Elles adorent êtres seules pour sonder la profondeur des mystères et pour gagner en connaissances et en sagesse. Elles engagent leur énergie dans des activités et des centres d'intérêt que les autres pourraient considérer comme quelque peu inhabituels.

Huit

Étant donné que le huit est le chiffre de l'argent, ces personnes consacrent leur énergie et leur enthousiasme à gagner de l'argent et à s'engager dans des entreprises à grande échelle. Elles aiment faire des projets pour pouvoir s'engager pleinement par la suite dans leur réalisation. Elles sont motivées par l'argent et sont à l'aise dans des carrières où les efforts sont récompensés en termes purement financiers. Un bon exemple pourrait être une carrière basée sur les commissions sur les ventes.
Ces personnes peuvent aussi dépenser leur argent sans compter, généralement pour elles-mêmes.

Neuf

Les personnes qui ont le chiffre neuf dans la case E consacrent leur temps, leur énergie et leur enthousiasme à aider les autres personnes qui sont plus démunies qu'elles. Le neuf est un chiffre très généreux, et elles trouvent leur bonheur quand elles se consacrent à une cause qui en vaut la peine. Ces motivations humanitaires peuvent être orientées vers les plantes, les animaux, ou les humains. De nos jours, nous avons de plus en plus besoin de ce genre de personnes.

Onze

Les personnes qui ont un onze dans la case E consacrent leur énergie et leur enthousiasme à poursuivre des idéaux. Elles trouvent leur bonheur lorsqu'elles s'engagent dans des objectifs qui en valent la peine et qui peuvent profiter à l'humanité toute entière. Étant donné qu'elles sont très idéalistes, leurs idées sont souvent irréalisables dans la pratique, et elles ont besoin de les partager avec les autres pour pouvoir juger de leur efficacité future. Ces personnes passent beaucoup de temps dans des rêveries agréables.

Vingt-deux

Étant donné que le vingt-deux est le Maître-Entrepreneur, ces personnes consacrent leur énergie et leur enthousiasme à des entreprises à grande échelle qui peuvent profiter à l'humanité. Ce qui en fait des êtres infatigables dès qu'elles se sont fixés un objectif de valeur.

LES CHIFFRES ET LES NOMBRES DANS LA CASE F

Mots clés : La Famille et les Amis

Un

Les personnes qui ont le chiffre un dans cette case aiment leur famille et leurs amis. Toutefois, elles se considèrent comme ayant des exigences particulières qu'elles feront passer avant les besoins de leur famille. Dans un certain sens, ce chiffre n'a pas besoin de quelqu'un d'autre, car il est indépendant. Par conséquent, on a souvent l'impression que ces personnes sont égoïstes et exigeantes envers les autres. Mais elles ne se reconnaissent pas ces défauts.

Deux

Les personnes qui ont un deux dans cette case aiment s'entourer de leurs amis et de leur famille. Elles apprécient la chaleur, la sécurité et l'amour particuliers qui règnent quand elles sont en cette compagnie. Elles renoncent à leurs habitudes pour se lier d'amitié avec les autres, et pour s'assurer que tous les membres d'une famille s'entendent bien entre eux. La condition nécessaire à leur propre bonheur, c'est le bonheur de tous les autres.

Trois

Les personnes qui ont le chiffre trois dans cette case sont les organisateurs de la famille. Elles aiment organiser des soirées et des réunions divertissantes. Elles évitent les discussions engagées et profondes, et leur préfèrent des conversations plus enjouées qui n'approfondissent pas trop les choses. Elles sont affectueuses, aimables et divertissantes. Mais ne vous attendez pas à ce qu'elles assument beaucoup de responsabilités.

Quatre

Les personnes qui ont le chiffre quatre dans la case F sont celles qui travaillent dans la famille. Elles s'assurent que tout le monde reste en contact, elles mettent à jour l'arbre généalogique, et elles n'hésitent pas à faire savoir à tout le monde à quel point elles travaillent dur. Elles apprécient constamment qu'on rende hommage à leurs efforts. Cela peut s'avérer épuisant d'être à leurs côtés, mais elles jouent un rôle précieux dans la famille. Généralement, on les respecte plus qu'on ne les aime.

Cinq

Les personnes qui ont le chiffre cinq dans la case F aiment surprendre leur famille et leurs amis par leurs actions. Elles peuvent organiser des soirées surprises, ou bien encore appeler leurs amis à des heures indues en leur proposant de les accompagner dans leur ascension de l'Everest. Elles ont beaucoup d'idées, lorsqu'il s'agit des possibilités offertes à la famille. Le fait que leurs idées sont souvent extravagantes effleure rarement leur esprit. Les choses sont mouvementées quand ces personnes sont dans les parages.

Six

Le six est le chiffre du foyer et de la famille, et il convient bien aux valeurs de la case F. Les personnes qui ont ce chiffre dans cette case sont soucieuses de leur famille, bienveillantes et aimantes. Elles aiment leurs amis et leur famille et leur sont entièrement dévouées. Elles sont prêtes à faire tout ce qu'il faut pour le bien-être de ceux/celles qu'elles aiment. Leur seul défaut est qu'elles peuvent parfois se montrer trop protectrices et étouffer toute tentative d'indépendance des membres de leur famille

Sept

Les personnes qui ont un sept dans la case F tiennent merveilleusement leur foyer. Elles peuvent être perfectionnistes, ce qui peut parfois agacer les autres membres de la famille. Elles sont affectueuses, mais légèrement détachées, et elles éprouvent quelques difficultés à exprimer leurs sentiments profonds. Bien qu'elles aiment leur famille et leurs amis, elles ont aussi besoin de passer beaucoup de temps seules.

Huit

Les personnes qui ont le chiffre huit dans la case F aiment gagner de l'argent avec des amis et leur famille, l'idéal étant une société familiale dont le président serait le huit. Il arrive que le gain d'argent passe avant les besoins de la famille, et cela peut causer des dissensions. Ces personnes peuvent devenir des bourreaux du travail et il faut les obliger à s'arrêter pour qu'elles se consacrent à des activités de loisir avec ceux qu'elles aiment.
Elles peuvent aussi hériter de fortes sommes d'argent.

Neuf

Les personnes qui ont le chiffre neuf dans la case F aiment leur famille et leurs amis, mais elles passent souvent plus de temps à aider des personnes inconnues qu'vec les personnes qui leur sont chères. Elles peuvent s'engager pour différentes causes humanitaires et ignorer les besoins de leur famille. Une fois qu'elles en ont conscience, elles laissent tout tomber instantanément pour aider les êtres qu'elles aiment, puis elles retournent à leur œuvre caritative favorite. Elles se lient facilement d'amitié avec les autres, mais souvent c'est avec des personnes qui veulent compter sur leur soutien.

Onze

Ce sont des personnes idéalistes qui ont une haute conception de ce que la vie de famille et l'amitié devraient être. Étant donné que la réalité ne peut pas correspondre à cette vision idyllique, elles sont constamment déçues. Elles ont une incroyable intuition et elles savent déceler quand quelque chose ne va pas chez les personnes qu'elles aiment. Elles sont alors heureuses de les aider.

Vingt-deux

On ne peut pas avoir ce nombre à cet endroit, ce qui est heureux ! Il serait impossible de vivre avec quelqu'un qui serait tout simplement parfait dans tous les domaines.

LES CHIFFRES ET LES NOMBRES DANS LA CASE G

Mot clé : Générosité

Un

Les personnes qui ont le chiffre un dans la case G sont généreuses à leur façon. Elles peuvent se montrer très généreuses pour les causes qu'elles défendent, mais elles sont moins promptes à soutenir des actions qui ne leur plaisent pas autant.

Deux

Les personnes qui ont ce chiffre à cet endroit sont généreuses pour deux raisons : tout d'abord, parce qu'elles aiment aider les autres et, ce qui est tout aussi important, parce qu'elles veulent être aimées. En se montrant généreuses, elles ont davantage de chances d'être aimées des autres. Par conséquent, elles peuvent être plus généreuses lorsque d'autres personnes sont là pour le constater. Elles peuvent aussi se montrer particulièrement généreuses de leur temps lorsqu'il s'agit d'aider ceux et celles qu'elles aiment.

Trois

Les trois sont généreux de manière épisodique. Si ces personnes ont de l'argent, elles feront une donation à n'importe quelle cause qui en vaut la peine. Elles peuvent aussi consacrer beaucoup de temps à l'activité qui leur plaît.

Quatre

Les personnes qui ont le chiffre quatre dans la case G font attention à leur argent et elles voudront s'assurer qu'une cause en vaut la peine avant d'y contribuer. Elles-mêmes ne s'attendent pas à un déjeuner gratuit, et elles détestent dépenser de l'argent trop librement. Toutefois, si la cause en vaut la peine, elles peuvent se montrer très généreuses.

Cinq

Les cinq sont généreux, à leur manière. Ces personnes peuvent donner beaucoup d'argent pour une cause et très peu pour une autre qui aurait le même mérite. Ces contributions peuvent s'étendre à une grande variété de causes. Elles ne sont pas aussi généreuses de leur temps. Elles détestent être confinées ou qu'on leur impose des limites, et le simple fait d'être retenues pendant un après-midi peut être difficile pour elles. Si vous voulez que les cinq vous aident, faites leur croire que c'est de leur propre initiative, et elles seront prêtes à vous porter secours.

Six

Les personnes qui ont un six dans la case G sont particulièrement généreuses à l'égard de leur famille et ceux/celles qu'elles aiment. Ce sont des personnes attentionnées et elles donneront généreusement à une cause qui en vaut la peine. Toutefois, elles s'assurent que les besoins de ceux/celles qu'elles aiment sont satisfaits en priorité. Elles ont tendance à être une pointe de douceur dans une histoire triste.

Sept

Les personnes qui ont ce chiffre peuvent être très généreuses si une cause correspond à leurs croyances et à leur philosophie. Elles font tout particulièrement attention à ne pas donner d'argent pour des causes qu'elles ne connaissent pas, car elles ont entendu de nombreuses histoires dans lesquelles l'argent destiné à une œuvre caritative aurait été détourné par une administration, au lieu d'être utilisé pour aider autrui. Elles se montrent très généreuses quand il s'agit de prêter main forte si cela est nécessaire.

Huit

Le chiffre huit à cet emplacement donne une combinaison intéressante. Ce chiffre préfère gagner de l'argent plutôt que de le dépenser. Toutefois, ces personnes peuvent être très généreuses pour une cause qui en vaut la peine. Il est probable qu'elles mèneront tout d'abord leur enquête, car elles ne dépensent pas leur argent à la légère. Pour des causes valables, elles peuvent être extrêmement généreuses. A chaque fois que cela est possible, elles aiment que leur générosité soit reconnue.

Neuf

Étant donné que le neuf est un chiffre qui donne volontiers, il est extrêmement généreux quand il se trouve à cet endroit. Ce que ces personnes aiment par dessus tout, c'est venir en aide à autrui. Ainsi, elles sont autant généreuses quand elles donnent de l'argent que quand elles donnent leur temps et leur énergie.

Onze

Il est impossible que ce nombre soit dans la case G.

Vingt-deux

Il est impossible que ce nombre soit dans cette case.

LES CHIFFRES ET LES NOMBRES DANS LA CASE H

Mot clé : caractère humanitaire

Un

Les personnes qui ont le chiffre un dans la case H sont tournées vers l'humanitaire, mais à leur propre manière. Elles préfèrent porter secours individuellement plutôt que de faire partie d'une œuvre caritative ou d'un organisme philanthropique structurée. Quand elles travaillent avec les autres, elles ont besoin d'être sous les feux des projecteurs ou d'occuper un poste de dirigeant.

Deux

Le deux dans la case H est une bonne combinaison. Ces personnes éprouvent un réel plaisir à aider les autres et sont toujours volontaires quand le cas se présente. Cette aide s'exercera principalement au sein de la famille et des amis proches.

Trois

Le chiffre trois dans la case H est une combinaison intéressante. Ces personnes aiment communiquer, et peuvent aider les autres par leur simple présence et par leur brillante conversation. Cependant, il leur est plus difficile d'approfondir les choses et d'aider les autres d'une manière plus tangible.

Quatre

Quand ces personnes aident les autres, elles sont prêtes à travailler dur et font tout le nécessaire pour pouvoir aider ceux pour lesquelles elles travaillent. Elles s'engagent volontiers pour des causes humanitaires qui correspondent à leurs convictions, et ne souhaitent pas nécessairement qu'on reconnaisse leur contribution.

Cinq

Ces personnes s'entendent bien avec les autres, et elles s'engagent naturellement ou fortuitement pour des causes humanitaires. Toutefois, elles perdent patience si leurs efforts ne sont pas immédiatement récompensés. Elles s'engagent parfois dans un trop grand nombre d'activités humanitaires diverses, et elles finissent par tourner en rond en ne portant secours à personne.

Six

Le six est l'un des deux chiffres humanitaires (l'autre est le neuf). Ces personnes aiment aider les autres, tout particulièrement ceux qu'elles chérissent, et elles acceptent volontiers de s'engager dans des activités humanitaires. Elles peuvent aussi s'engager dans des organisations qui défendent les espèces en voie de disparition, les animaux malades, ou bien encore pour des causes écologiques.

Sept

Ces personnes aiment l'idée de venir en aide à autrui, mais elles sont quelque peu détachées et éprouvent quelques difficultés à aider directement. Il leur est plus facile de s'engager dans des activités d'arrière-garde plutôt que de porter secours directement. Elles aident de nombreuses personnes à leur manière, mais vous devrez très bien les connaître pour pouvoir vous en rendre compte.

Huit

Ces personnes ont plus de chances d'aider les autres par une donation qu'en intervenant directement. Toutefois, une fois engagées, elles travailleront longtemps et dur pour aider la cause en laquelle elles croient.

Neuf

Ce chiffre est naturellement tourné vers l'humanitaire. Ces personnes trouvent leur bonheur en travaillant avec les autres et en portant secours d'une manière ou d'une autre. Ces aspirations humanitaires se manifestent souvent dans le choix de leur métier, et elles s'engageront dans n'importe quel domaine qui concerne l'aide à autrui. Des carrières telles que l'enseignement, la pédiatrie, et les métiers de conseil sont des choix évidents, mais elles utiliseront leurs qualités humanitaires dans n'importe quelle vocation qu'elles embrasseront.

Onze

Ces personnes apprécient l'idée qui consiste à aider les autres. Elles ont de grandes opinions sur toutes les choses qui pourraient et qui devraient être faites pour que ce monde soit meilleur pour tout le monde. Malheureusement, elles n'agissent pas toujours en fonction de ces belles motivations. Toutefois, une fois engagées et avec les encouragements continus des uns et des autres, elles s'impliquent merveilleusement dans des causes humanitaires.

Vingt-deux

Ces personnes aiment aider les autres. Elles sont plus susceptibles d'être des organisateurs que des ouvriers. Leurs qualités de direction sont très utiles quand il s'agit de venir en aide aux autres, et elles ont le pouvoir d'inspirer et de motiver les volontaires qui sont sous leurs ordres.

LES CHIFFRES ET LES NOMBRES DANS LA CASE I

Mot clé : Intuition

Un

Le un est un chiffre logique. Donc les personnes qui ont ce chiffre dans la case I ont tendance à se fier davantage à la logique qu'à leur intuition. Quoi qu'il en soit, elles ont des « flashs » d'inspiration quand il s'agit de quelque chose qu'elles considèrent comme importante. Elles les qualifieront probablement de « pressentiments » et non pas d'intuitions.

Deux

Les personnes qui ont ce chiffre dans cette case se fient beaucoup à leur intuition qui est naturelle et forte. Elles pensent qu'elle occupe une place essentielle dans leur vie. Elles sont particulièrement intuitives quand il s'agit de ceux qu'elles aiment, et elles savent souvent immédiatement quand quelque chose ne va pas chez un ami ou un membre de leur famille.

Trois

Le trois est un chiffre fort et logique. En période de crise, les personnes qui ont le chiffre trois dans cette case agiront probablement davantage en fonction de la logique pure et froide plutôt que de faire confiance à leur voix intérieure. Cependant, quand elles font quelque chose de créatif, elles peuvent souvent passer de la logique à l'intuition qui permet de mettre en valeur leur travail. En d'autres termes, elles passent de la réflexion du cerveau gauche à celle du cerveau droit.

Quatre

Les personnes qui ont un quatre dans la case I seront à l'écoute de leur intuition, mais elles feront aussi une analyse logique de la situation avant d'agir. Elles se targuent d'être des êtres rationnels, mais en réalité elles se fient beaucoup plus à leur intuition qu'elles ne veulent bien l'admettre.

Cinq

Les personnes qui ont ce chiffre dans cette case n'accordent pas beaucoup d'importance à leur intuition. Elles ont des « flashs » instinctifs sur toutes sortes de choses. Elles font aussi preuve de logique dans bon nombre de domaines. Elles ont recours à l'intuition et à la logique d'une manière hasardeuse. Elles vivent davantage dans le futur que dans le présent, et leur intuition les aide souvent à faire le bon choix. C'est une des raisons pour laquelle on pense souvent que le cinq est un chiffre porte-bonheur.

Six

Les personnes qui ont un six dans la case I ont une forte intuition en ce qui concerne leur foyer et leur famille. Elles sont guidées par leur intuition quand il s'agit d'appeler ou de rendre visite à un membre de leur famille en difficultés. Leur intuition s'applique à de nombreux domaines, mais plus fréquemment à ceux/celles qu'elles aiment.

Sept

Les personnes qui ont un sept dans la case I associent la spiritualité à leur intuition à mesure qu'elles gagnent en connaissance et en sagesse. Leur esprit logique peut parfois écraser leur intuition, mais quand elles prennent suffisamment le temps d'écouter, leur capacité dans ce domaine peut être très impressionnante.

Huit

Le huit est un chiffre logique, mais les personnes qui ont ce chiffre dans cette case peuvent utiliser leur intuition pour estimer la valeur d'une entreprise financière. Elles examinent tous les faits et chiffres, mais c'est souvent leur intuition qui leur donnera la bonne réponse. Au début de leur vie, la logique peut prévaloir, mais progressivement, elles apprennent à accepter et à se fier à leur « voix intérieure silencieuse ».

Neuf

Le neuf est un des deux chiffres humanitaires, et les personnes qui ont ce chiffre dans la case I peuvent utiliser leur intuition pour aider les autres. Elles peuvent parfois rester détachées, mais en même temps elles savent quand il faut rendre visite à quelqu'un qui a besoin de leur aide et de leurs conseils. Elles ont le chic pour être au bon endroit au bon moment pour venir en aide à autrui. Ceci en raison de leur intuition qui est fine.

Onze

Il est impossible d'avoir ce nombre à cet emplacement.

Vingt-Deux

Il est impossible d'avoir vingt-deux dans cette case.

LES CHIFFRES ET LES NOMBRES DANS LA CASE J

Mot clé : Joie de Vivre

Un

Les personnes qui ont ce chiffre dans cette case sont au comble du bonheur quand elles gèrent leurs propres affaires et qu'elles sont entièrement indépendantes. C'est valable dans tous les domaines. Un exemple de centre d'intérêt pourrait être la philatélie. Un sport pourrait être le tir à l'arc. Bien que ces personnes puissent être entourées par d'autres, elles s'occupent seules de leurs affaires.

Deux

Pour trouver le bonheur, les personnes qui ont le chiffre deux dans la case J ont besoin d'être entourées de gens qui leur sont chers. Elles apprécient les sorties en famille et les moments qu'elles partagent avec les proches.

Trois

Les personnes qui ont un trois dans cette case aiment la compagnie des autres et s'amuser. Elles apprécient les activités sociales et tout ce qui les divertit. Elles se consacrent avec joie à de grandes discussions et aux loisirs créatifs.

Quatre

Ces personnes aiment relever les défis et se fixent des objectifs en vue de les atteindre. Elles ont tendance à travailler trop et on doit souvent les obliger à prendre du temps pour qu'elles se reposent et qu'elles se relaxent.

Cinq

Le cinq est le chiffre de la liberté et de la variété, et les personnes qui ont ce chiffre dans cette case sont heureuses quand elles sont guidées par des projets passionnants. Elles aiment voyager, rencontrer des personnes nouvelles, et faire des expériences nouvelles et variées.

Six

Les personnes qui ont un six dans cette case sont des plus heureuses quand elles sont impliquées dans des activités familiales. Elles aiment aider les autres et apprécient de leur être indispensables. Elles se consacrent également volontiers à des activités créatrices.

Sept

Ces personnes trouvent leur bonheur quand on les laisse se débrouiller. Elles aiment découvrir les mystères de l'univers. Elles ont des tendances mystiques et elles perdent souvent beaucoup de temps quand elles sont absorbées par la contemplation ou la méditation.

Huit

Ces personnes sont heureuses quand elles gagnent de l'argent ou qu'elles ont des projets pour en gagner. Elles aiment tout autant le dépenser, dès lors qu'elles pensent que ces achats en valent la peine et qu'ils ne sont pas inconsidérés.

Neuf

Ces personnes trouvent leur bonheur quand elles peuvent aider des plus défavorisées qu'elles. Elles travaillent volontiers au sein d'œuvres caritatives ou d'organisations humanitaires, et elles sont toujours prêtes à porter secours à quelqu'un. Elles apprécient aussi les activités de création et elles aiment offrir le fruit de leur travail.

Onze

Ces personnes sont guidées par des projets et des rêves à grande échelle. Ces idées restent généralement au stade de rêves, mais elles en éprouvent beaucoup de plaisir, même si elles savent au plus profond d'elles-mêmes qu'elles n'ont pas de chance de concrétiser. Dès lors qu'elles sont motivées, elles agiront volontiers pour que leurs rêves deviennent réalité. Le plus grand problème que ces personnes rencontrent, c'est d'avoir à choisir parmi tous leurs rêves lequel elles doivent poursuivre.

Vingt-deux

Ces personnes sont motivées par la réalisation d'un objectif qui en vaut la peine. Elles veulent faire les choses à une grande échelle, ce qui suppose que leur but soit à la hauteur de leurs capacités. Elles éprouvent beaucoup plus de plaisir à l'idée de faire des progrès qu'à l'aboutissement d'un projet.

LES CHIFFRES ET LES NOMBRES DANS LA CASE K

Mot clé : Karma

Un

Les personnes qui ont le chiffre un dans la case K n'ont pas réussi à être indépendantes lors de leur précédente incarnation. Ce qui signifie qu'elles commenceront probablement leur incarnation présente en étant dépendantes, et qu'elles feront un apprentissage progressif de l'indépendance.

Deux

Les personnes qui ont un deux dans cette case n'ont pas utilisé leur intuition dans leur vie précédente. Par conséquent, elles éprouveront quelques difficultés à se fier à elles au début de leur existence présente, et ce n'est que progressivement qu'elles finiront par la reconnaître et par l'utiliser.
Ces personnes commettent également des erreurs avec leurs proches, et elles devront faire beaucoup d'efforts dans ce domaine pour éviter d'être déçues tout au long de leur vie.

Trois

Les personnes qui ont le chiffre trois dans cette case étaient superficielles et frivoles dans leur vie précédente. Au cours de cette vie, elles devront apprendre à être sérieuses dans certaines circonstances et joyeuses dans d'autres.

Quatre

Les personnes qui ont le chiffre quatre dans cette case étaient paresseuses dans leur vie antérieure. Par conséquent, au cours de cette vie, elles peuvent parfois avoir l'impression qu'elles travaillent deux fois plus que les autres pour arriver au même résultat. A mesure qu'elles progressent et qu'elles s'acquittent de leur dette karmique tout au long de leur vie, tout deviendra plus facile.

Cinq

Les personnes qui ont le chiffre cinq dans cette case ont perdu du temps dans leur vie antérieure. Elles ont probablement abusé d'un grand nombre d'activités sensuelles. Pour elles, la leçon consiste à apprendre à gérer leur temps d'une manière rationnelle. Ce n'est pas une chose facile, et cela demande généralement plusieurs années avant qu'elles ne prennent conscience de la fuite du temps.

Six

Les personnes qui ont le chiffre six dans cette case ont littéralement ignoré leurs responsabilités familiales dans leur précédente incarnation. Elles doivent apprendre à aimer et à s'occuper de leur famille au cours de cette vie.

Sept

Les personnes qui ont le chiffre sept dans cette case n'ont pas évolué spirituellement au cours de leur vie antérieure. Par conséquent, il est important qu'elles se bâtissent une foi et une philosophie au cour de cette vie. Au début de leur vie, elles peuvent avoir une attitude légèrement sceptique à l'égard de la spiritualité et la remettre en question.

Huit

Les personnes qui ont le chiffre huit dans cette case ont mal utilisé leur argent dans leur vie antérieure. Elles en ont probablement eu beaucoup et l'ont gaspillé, ou elles l'ont peut-être même détourné. Par conséquent, au cours de cette vie, elles devront travailler extrêmement dur pour progresser financièrement jusqu'à ce qu'elles se soient acquittées de leur dette karmique.

Neuf

Les personnes qui ont le chiffre neuf dans la case K ont évité les autres dans leur précédente incarnation. Ainsi, au cours de cette vie, elles auront quelques difficultés à progresser jusqu'à ce qu'elles apprennent à aider et à se soucier des autres. Quand elles l'auront appris, elles pourront s'impliquer profondément dans des causes humanitaires.

Onze

Les personnes qui ont un onze dans cette case ont eu de nombreuses opportunités au cours de leur vie passée, mais elles ne les ont pas saisies, probablement en raison d'un manque de confiance en elles-mêmes ou par peur d'échouer.

Elles doivent être certaines qu'elles ont confiance en elles-mêmes, quand les bonnes occasions se présentent dans leur vie.

Vingt-deux

Les personnes qui ont un vingt-deux dans cette case ne se sont pas très bien acquittées de leurs responsabilités dans leur vie antérieure. Au cours de cette incarnation, elles doivent accepter leurs responsabilités et travailler dur et longtemps pour réaliser quelque chose qui en vaut la peine.

LES CHIFFRES ET LES NOMBRES DANS LA CASE L

Mot clé : L'Amour

Un

Le chiffre un dans cette case révèle l'existence d'une relation essentielle qui prend de l'ampleur et qui évolue. Les personnes qui ont ce chiffre dans la case L peuvent parfois être égocentriques, mais elles réussissent généralement à trouver des partenaires qui peuvent composer avec leur caractère.

Deux

Les personnes qui ont le chiffre deux dans cette case sont des partenaires fidèles et de confiance. Elles peuvent communiquer en utilisant leur intuition très développée. Ce qui leur permet aussi de savoir instantanément quand quelque chose ne va pas bien ou inquiète l'autre.

Trois

Les personnes qui ont le chiffre trois dans cette case ont besoin de partenaires qui apprécient les conversations et les divertissements. Il leur arrive parfois de flirter, ce n'est généralement qu'une apparence et ce n'est pas très sérieux.

Quatre

Les personnes qui ont le chiffre quatre dans cette case se donnent beaucoup de peine dans leurs relations. Elles peuvent ne pas être les partenaires les plus passionnants, mais elles sont toujours là pour subvenir aux besoins des autres et elles se soucient profondément de ceux/celles qu'elles aiment. Elles sont fidèles et tendres.

Cinq

Les personnes qui ont le chiffre cinq dans la case L ont besoin d'espace. Elles détestent être enfermées, même dans une relation intime. Elles peuvent s'enfuir dès qu'elles ont l'impression d'être retenues. Cependant, ce sont d'excellents partenaires passionnés, à condition qu'on leur laisse de la marge pour des centres d'intérêt extérieurs.

Six

Les personnes qui ont le chiffre six dans cette case s'épanouissent dans une relation tendre, forte et positive. Elles ne sont pas vraiment elles-mêmes si elles ne sont pas entourées des êtres qu'elles aiment. Ce sont généralement leurs partenaires et leurs enfants, mais il peut aussi s'agir de leurs amis proches. Elles sont affectueuses, et aiment l'exprimer.

Sept

Les personnes qui ont le sept dans cette case ont besoin de se réserver des plages de solitude, et il leur faut des partenaires qui les respectent. Si elles ont trouvé la personne qui leur convient, elles peuvent être très affectueuses en pensées et dans leurs actions, mais elles éprouvent toujours quelques difficultés à exprimer leurs sentiments par des mots.

Huit

Les personnes qui ont le chiffre huit dans la case L sont souvent à l'aise financièrement grâce à une relation amoureuse opportune. Elles peuvent se marier pour l'argent, ou fonder leur relation avec leur partenaire aussi bien sur les affaires que sur l'amour. Ces relations peuvent ne pas être aussi romantiques que dans d'autres cas, mais généralement, elles durent longtemps et sont heureuses.

Neuf

Les personnes qui ont le neuf dans cette case sont des partenaires très romantiques et pleins d'égards. Elles aiment faire plaisir et surprendre leurs partenaires par leurs preuves d'amour. Cependant, elles doivent faire attention à leurs choix, car elles ont tendance à tomber amoureuses à l'idée d'être amoureuses et peuvent se tromper lourdement. Mais si elles trouvent le/la partenaire qui leur convient, les liens seront très forts.

Onze

Les personnes qui ont le onze dans cette case sont idéalistes et sont facilement déçues. Elles doivent être prudentes dans le choix de leurs partenaires, car elles tombent amoureuses très facilement (mais elles mettent fin à leurs liaisons tout aussi rapidement). Elles sont attentionnées et tendres. Elles expriment librement leur émotions et ont besoin de partenaires forts qui les soutiennent.

Vingt-deux

Il est impossible d'avoir le vingt-deux dans cette case.

LES CHIFFRES ET LES NOMBRES DANS LA CASE M

Mot clé : Monnaie

Un

Les personnes qui ont le chiffre un dans cette case aiment avoir la totale maîtrise de leur argent. Elles sont prêtes à travailler dur pour le gagner, mais elles veulent être certaines d'être récompensées comme il se doit. Beaucoup de personnes qui ont le chiffre un dans cette case travaillent à leur compte, car cela leur permet de gérer elles-mêmes leur argent.

Deux

Les personnes qui ont le chiffre deux dans cette case sont capables d'utiliser leur intuition lorsqu'il s'agit de gagner et de dépenser de l'argent. Ce qui signifie qu'elles savent instinctivement si une proposition est bonne ou mauvaise, audelà de toutes les données chiffrées. Cependant, il est possible qu'elles fassent difficilement l'apprentissage de la confiance en leur douce voix intérieure.

Trois

Les personnes qui ont le trois dans la case M sont capables de gagner de l'argent grâce à leur talent en matière de communication, généralement grâce à leur talent d'orateur. Elles feront par exemple de bons représentants de commerce, de bons artistes de variété ou de bons professeurs. Elles sont pleines de ressources quand il s'agit de trouver des idées pour gagner de l'argent, mais elles manquent souvent de motivation pour les concrétiser.

Quatre

Les personnes qui ont le chiffre quatre dans cette case aiment jouir d'une situation établie et respectable et elles se frayent progressivement un chemin vers des postes à responsabilités. Elles s'attendent à devoir travailler dur pour obtenir ce qu'elles veulent, et elles sont heureuses à chaque étape de cette progression.

Cinq

Les personnes qui ont le chiffre cinq dans cette case font de bons dirigeants. Elles aiment le changement et la variété et embrassent généralement plusieurs carrières au cours de leur vie. Elles trouvent leur bonheur quand elles travaillent à leur compte, car elles n'aiment pas qu'on leur dise ce qu'elles doivent faire. Leur amour du changement signifie aussi que leurs carrières impliquent souvent de nombreux voyages.

Six

Les personnes qui ont un six dans la case M apprécient d'avoir un emploi stable et la sécurité de l'emploi. Elles font toujours passer les intérêts de la famille et leur foyer avant leur travail. Elles peuvent bénéficier de certains avantages financiers qui proviennent des autres membres de la famille. Il s'agit souvent d'héritages.

Sept

Les personnes qui ont le sept dans cette case apprécient les métiers techniques et scientifiques. Elles aiment la recherche et l'étude que cela implique. Elles gagnent rarement autant qu'elles le pourraient, car elles placent la satisfaction qu'elles retirent de leur emploi avant les gains financiers.

Huit

Le huit est le chiffre de l'argent, c'est pourquoi il est à sa place dans cette case. Les personnes dans ce cas sont à l'aise dans le domaine des finances ou quand elles travaillent à leur compte. Si non, elles occuperont un poste à responsabilités dans l'entreprise de quelqu'un d'autre. Elles travaillent dur et elles savent comment faire pour gagner de l'argent. Elles doivent s'assurer qu'elles ont d'autres centres d'intérêt en dehors de l'argent, car cela peut facilement tourner à l'obsession.

Neuf

Les personnes qui ont un neuf dans cette case peuvent gagner de l'argent en travaillant pour des organisations humanitaires. Leur désir d'aider les autres peut parfois entraîner un certain sens du sacrifice, ce qui a pour conséquence qu'elles peuvent être trop généreuses lorsqu'il s'agit d'argent. Elles considèrent que l'argent est un moyen d'échange, plus qu'une fin.

Onze

Les personnes qui ont un onze dans cette case peuvent gagner de l'argent grâce à leurs idées. Elles travaillent souvent mieux en partenariat avec d'autres personnes qui ont plus de dynamisme qu'elles n'en ont. Elles sont à l'aise dans les domaines de l'humanitaire tels que l'éducation et la santé. Et elles réussissent tout aussi bien dans les domaines créatifs. Généralement, elles ne réussissent pas bien dans les affaires.

Vingt-deux

Les personnes qui ont ce nombre dans la case M sont capables de gagner autant d'argent qu'elles le souhaitent. Elles ont besoin de se fixer des objectifs qui en valent la peine. Elles travaillent rarement à des fins égoïstes, et elles préfèrent faire des choses qu'elles jugent utiles pour l'humanité toute entière.

LES CHIFFRES ET LES NOMBRES DANS LA CASE N

Mot clé : Nature de l'évolution

Un

Les personnes qui ont le chiffre un dans cette case aiment commencer les choses et les regarder évoluer progressivement. Elles ont plus de chances de débuter une affaire que d'en acheter une qui existe déjà. Elles sont souvent meilleures au début qu'à la fin, mais leur intérêt grandit avec le temps.

Deux

Les personnes qui ont le chiffre deux dans la case N utilisent leur puissante intuition pour aider et soutenir les autres. Elles sont attentionnées et elles sont heureuses de voir que les autres réussissent.

Trois

Les personnes qui ont un trois dans cette case peuvent faire de la publicité, car elles ont un réel don d'orateur. Elles peuvent être une source d'inspiration pour les autres, uniquement par leurs paroles. Elles sont créatives, et quand elles sont motivées, leurs talents peuvent les mener très loin.

Quatre

Les personnes qui ont le chiffre quatre dans cette case sont capables de travailler dur et longtemps pour entreprendre et construire tout ce en quoi elles croient. La patience est leur principal atout. Par conséquent, cela ne les dérange nullement d'attendre pendant des années avant de voir le succès venir couronner ce qu'elles ont entrepris.

Cinq

Les personnes qui ont le chiffre cinq dans cette position aident et conseillent les autres dans de nombreux domaines. Ces conseils sont judicieux et prodigués avec les meilleures intentions, mais souvent, elles ont disparu avant que les résultats ne soient visibles. Elles ont besoin d'être encouragées pour entreprendre quelque chose pour elles-mêmes, et pour mener à bien cette entreprise jusqu'à la fin.

Six

Les personnes qui ont le chiffre six dans cette case trouvent leur bonheur quand elles soutiennent et encouragent ceux et celles es personnes qui leur sont chers. Ce sont de merveilleux parents, bien qu'elles aient parfois du mal à accorder beaucoup d'indépendance à leurs enfants. Elles sont capables de travailler dur dans un but créatif et elles apprécient de constater leurs propres progrès.

Sept

Les personnes qui ont le chiffre sept dans la case N aiment les défis intellectuels, elles cherchent à découvrir le mécanisme qui fait fonctionner les choses et à comprendre les vérités cachées. Quand quelque chose les intéresse, elles sont capables de commencer petit et de bâtir progressivement de grands projets.

Huit

Les personnes qui ont le chiffre huit dans cette case sont capables de débuter une petite entreprise et de l'élever au rang d'une affaire très lucrative. Elles aiment reprendre des projets dont elles ont l'impression qu'ils seront rentables, et elles sont capables de les soutenir aussi longtemps qu'il le faudra, à condition toutefois que la possibilité de gagner de l'argent subsiste.

Neuf

Les personnes qui ont le chiffre neuf dans cette case aiment aider et soutenir des groupes de personnes. Il peut s'agir d'un club - dans lequel elles travailleront dur et longtemps en tant qu'organisateur -, d'une organisation philanthropique ou bien encore d'un autre domaine dans lequel elles auront l'impression qu'elles pourront contribuer à aider les autres. Elles savent très bien comment susciter le respect de soi.

Onze

Il est impossible d'avoir le nombre onze dans cette case.

Vingt-deux

Il est impossible d'avoir le nombre vingt-deux dans cette case.

LES CHIFFRES ET LES NOMBRES DANS LA CASE O

Mot clé : Occasions

Un

Les personnes qui ont le chiffre un dans la case O créeront leurs propres occasions. Elles préfèrent que les autres n'interviennent pas trop dans leurs affaires, et elles aiment faire les choses par elles-mêmes.

Deux

Il est impossible d'avoir un deux dans cette case.

Trois

Les personnes qui ont le chiffre trois dans la case O trouveront leurs meilleures occasions dans une forme de libre-expression. Il est probable qu'elles aient un talent créatif, particulièrement en ce qui concerne la communication avec les autres. Elles rencontreront également des occasions intéressantes en s'entretenant avec d'autres personnes.

Quatre

Les personnes qui ont le chiffre quatre dans la case O verront les meilleures occasions se présenter tout près d'elles. Elles ont besoin de travailler dans le cadre de limites qu'elles se fixent, et c'est là qu'elles auront le plus de chances. Elles peuvent faire des erreurs quand elles cherchent des occasions en dehors de leur domaine de prédilection.

Cinq

Les personnes qui ont le chiffre cinq dans cette case trouvent des occasions partout. Elles en rencontrent d'ailleurs beaucoup plus qu'elles ne pourront jamais en utiliser. Elles peuvent se lancer dans plusieurs choses à la fois, au lieu de se consacrer à une ou deux choses seulement.

Six

Les personnes qui ont le chiffre six dans cette case trouvent leurs meilleures occasions avec (ou à travers de) leur famille ou leurs amis. Elles sont généreuses quand il s'agit de partager leurs expériences. Elles rencontrent de nombreuses propositions qui leur permettent de développer leurs talents créatifs.

Sept

Les personnes qui ont le chiffre sept dans la case O auront de nombreuses occasions de s'épanouir spirituellement et de gagner en connaissances et en sagesse. Il est possible qu'au début de leur existence, elles négligent les occasions spirituelles qui leur sont données, et qu'elles leur préfèrent des occasions qui se présentent dans les domaines scientifiques et techniques. Toutefois, l'aspect spirituel devient de plus en plus fort et ne peut être ignoré indéfiniment.

Huit

Les personnes qui ont le chiffre huit dans cette case auront des opportunités de gagner de l'argent autant que d'en dépenser. Elles ont de nombreuses occasions d'investir dans des projets financiers, et sont très perspicaces quand il s'agit d'estimer leur bien-fondé. Elles ont aussi de nombreuses occasions de dépenser leur argent, et c'est généralement dans des domaines qui leur procurent un certain plaisir et qui leur assurent un certain statut.

Neuf

Les personnes qui ont le chiffre neuf dans cette case auront de nombreuses occasions d'aider des personnes moins favorisées qu'elles. Elles aiment venir en aide aux autres et recherchent généralement des occasions de rendre service.

Onze

Les personnes qui ont ce nombre dans cette case rencontreront de nombreuses occasions dans tous les domaines de leur vie. Elles devront examiner ces occasions avec circonspection et devront utiliser uniquement celles qui peuvent leur être bénéfiques. Dès lors qu'elles sont motivées, elles peuvent concrétiser leurs rêves.

Vingt-deux

Il est impossible d'avoir vingt-deux dans cette case.

LES CHIFFRES ET LES NOMBRES DANS LA CASE P

Mot clé : Philosophie

Un

Les personnes qui ont le chiffre un dans cette case se forgent progressivement leur propre philosophie à mesure qu'elles avancent dans leur existence. Il peut s'agir d'un type de foi fait d'interrogations, qu'elles expriment petit à petit comme étant le résultat des expériences qu'elles ont faites.

Deux

Les personnes qui ont le chiffre deux dans cette case se forgent une foi et une philosophie fondées sur leur intuition. Ce sont des personnes attentionnées qui écoutent leur voix intérieure dans tous les domaines de leur vie.

Trois

Les personnes qui ont le chiffre trois dans la case P ont une philosophie de la vie qu'elles élaborent avec logique, en doutant de tout. Souvent, elles n'étudient pas les choses en profondeur et préfèrent un simple aperçu superficiel. Leur philosophie peut être un amalgame de tout ce qu'elles ont exploré.

Quatre

Les personnes qui ont le chiffre quatre dans cette case passent beaucoup de temps et consacrent de nombreux efforts à construire leur philosophie personnelle. Elles étudient et estiment avec minutie et se forgent ainsi progressivement une philosophie qui continue d'évoluer tout au long de leur vie.

Cinq

Les personnes qui ont un cinq dans cette case changent parfois leur philosophie personnelle, à mesure qu'elles font de nouvelles expériences. Elles aiment explorer de nouveaux domaines et se construisent progressivement une foi et une philosophie après avoir fait une synthèse de tout ce qu'elles ont appris.

Six

Les personnes qui ont un six dans la case P se forgent une foi et une philosophie fondées sur le caractère sacré du noyau familial. Elles ont tendance à croire à son éternité.

Sept

Les personnes qui ont un sept dans la case P sont tournées vers la spiritualité et la philosophie. Leur foi, quelle qu'elle soit, est forte et constante, et ne cesse de croître tout au long de leur vie.

Huit

Les personnes qui ont le chiffre huit dans cette case ont une philosophie fondée sur une éthique du travail dur. Elles croient à une rétribution selon les mérites. Étant donné qu'elles vivent beaucoup dans le monde matériel, elles accordent généralement peu d'importance à l'aspect spirituel de la vie jusqu'à l'âge de leur retraite.

Neuf

Les personnes qui ont le chiffre neuf dans la case P se forgent une philosophie fondée sur le secours à autrui. Derrière une apparence légèrement détachée, elles sont réellement dévouées à des causes humanitaires et veulent aider les autres.

Onze

Les personnes qui ont le nombre onze dans cette case sont des idéalistes, ce qui les expose à de nombreuses déceptions. Elles se forgent progressivement une philosophie de la vie fondée sur leur intuition et sur leur puissante perspicacité.

Vingt-deux

Les personnes qui ont le nombre vingt-deux dans cette case veulent laisser leur empreinte dans ce monde. Elles aimeraient le quitter dans une situation meilleure que celle dans laquelle elles l'ont trouvé. Ce sont des idéalistes, mais elles voient le côté pratique des choses. Elles se forgent progressivement une foi et une philosophie fortes et puissantes qui leur permettent de gérer tout ce que la vie peut leur réserver.

LES CHIFFRES ET NOMBRES NEGATIFS

Mot Clé : Nombre de Focalisation

A chaque fois que vous construirez un yantra pour quelqu'un, vous risquez de trouver des chiffres ou des nombres négatifs dans une ou plusieurs cases. On les appelle aussi les nombres de Focalisation. Ils indiquent les domaines sur lesquels la personne doit se concentrer, car c'est là qu'elle risque de commettre des erreurs.

Au lieu de travailler le côté positif du chiffre ou du nombre, ces personnes ont tendance à agir d'après les nombres négatifs.

Par exemple, le chiffre un comporte le mot-clé de l'indépendance et de la réalisation. Un chiffre un négatif signifie approximativement le contraire. Cela indique une dépendance et un manque d'estime de soi.

Il faudrait encourager les personnes qui ont des chiffres ou des nombres négatifs à travailler pour réaliser les qualités positives du chiffre ou du nombre.

Cela peut sembler beaucoup à apprendre. En fait ce n'est pas le cas. Dès lors que vous connaissez la signification des chiffres et des nombres comme nous l'avons décrit dans le Chapitre Six, il ne vous reste plus qu'à les combiner avec les mots-clé de chaque case, et vous connaîtrez automatiquement toutes les combinaisons possibles.

Chapitre Neuf :

La Lecture des Yantras

Désormais, nous savons comment construire un yantra et nous connaissons la signification de chacune des cases. Maintenant, nous allons en interpréter un. Prenons le cas de Danielle qui est née le 12 mars 1975 (voir figure 9A).

Nous commençons par le chiffre ou le nombre de sa Destinée qui est un 1 (Case D).

Nous pourrions dire « Le chiffre de votre Destinée est un 1. Ce qui signifie que vous avez les pieds sur terre et que vous êtes capable de réaliser quelque chose concrètement. Votre situation finale est au sommet, ceci quel que soit le domaine dans lequel vous vous impliquez. Vous devez viser haut. Fixez-vous des objectifs pour vous-même et poursuivez-les.

« Vous avez aussi un 1 dans la case qui concerne votre enthousiasme et votre énergie (Case E). Ce qui signifie que vous mettez beaucoup de vous-même dans la réalisation de vos objectifs. Assurez-vous que vous savez ce que vous voulez, puis commencez à agir. Vous débordez d'énergie et d'enthousiasme pour y parvenir.

« Votre famille et vos amis sont mentionnés par le chiffre 3(F). Ce qui signifie que vous vous exprimez au mieux avec les personnes qui vous sont chères. Vous appréciez de passer de bons moments avec vos amis.

A 3	B 12	C 75	D 1
E 73	F 3	G 1	H 14
I 2	J 76	K 11	L 2
M 13	N 0	O 4	P 74

Figure 9A

« La case suivante (G) montre votre générosité. Avec le chiffre 1 à cet endroit, vous êtes généreuse, mais à votre manière. Vous pouvez vous montrer généreuse de votre temps et de votre énergie aussi bien que de votre argent.

« La case H représente vos qualités humanitaires. Vous avez le chiffre 5 dans cette case. Ce qui signifie que vous êtes très impliquée dans des causes humanitaires, mais vous l'êtes parfois d'une manière assez anarchique. Vous pouvez aider une personne, un groupe, puis à nouveau une personne, etc. Vous soutiendrez probablement plusieurs causes humanitaires plutôt qu'une seule.

« La case suivante (I) représente votre intuition. Vous avez le chiffre parfait à cet endroit. Le deux est le chiffre psychique de l'intuition. Ce qui montre que vous avez un immense potentiel dans ce domaine, et que vous pouvez développer votre intuition jusqu'à un point très avancé.

« La case suivante (J) est intéressante, car elle montre ce que vous aimez réellement faire. Un 4 dans cette case montre que vous êtes très heureuse quand vous travaillez dur et que vous êtes confrontée à des défis. La plupart des gens n'aiment pas l'idée de travailler dur, mais vous, vous recherchez des occasions, aussi longtemps que votre travail de longue haleine est récompensé.

« Vous avez un Nombre-Maître dans la case (K). C'est la case du karma. Si vous croyez en la réincarnation, cela représente ce que vous avez « loupé » dans votre vie précédente. Un Nombre- Maître dans cette position montre que, lors de votre dernière vie, vous avez eu de merveilleuses occasions, mais que vous n'en avez pas profité. Vous étiez probablement une rêveuse qui était perdue dans un monde de fantaisies plaisantes. Cela indique qu'au cours de cette vie, il vous faudra maîtriser vos rêves et en faire quelque chose.

« La case suivante (L) relève du domaine de l'amour, et vous avez le chiffre parfait à cet endroit : un 2. Deux est le chiffre des relations intimes. C'est le signe du grand amour qui dure tout au long de cette incarnation.
« La case suivante dans le coin (M) est la case de l'argent. Vous avez à nouveau un 4 à cet endroit. Quatre est le chiffre du travail dur. Ainsi, vous obtiendrez la plus grande partie de votre argent grâce à votre travail et à la bonne gestion de vos finances.

« Dans la case (N) vous avez un zéro. C'est la case des activités de secours qui grandissent et fleurissent. Un 0 à cet endroit n'est ni bon ni mauvais. L'absence d'un chiffre ou d'un nombre spécifique signifie qu'il n'y a aucun aspect de votre vie qui se réfère à ce domaine particulier.

« Après cela, nous passons à la case des occasions (O). Ici, nous avons à nouveau un 4. Cela montre qu'il vous faudra créer vos propres occasions, et que vous devrez travailler dur pour les concrétiser. Heureusement, vous y trouver un certain plaisir (c'est parce que le chiffre 4 se trouve aussi dans la case J).

« Finalement, nous arrivons à la dernière case, (P). Nous trouvons un autre Nombre-Maître. Cette case reflète votre philosophie de la vie. Le 11 montre que vous êtes inspirée, idéaliste et affectueuse. Vous disposez d'un potentiel pour inspirer les autres par vos actions.

Voici un autre exemple. Cette fois, il s'agit d'un homme dont le nom est Jean et qui est né le 17 janvier 1950 (voir figure 9B).

« Jean, vous avez une Destinée liée au chiffre 6, (case D). C'est le signe que vous êtes une personne attentionnée et tournée vers les actions humanitaires, et que vous aimez secourir les autres. Vous trouverez probablement votre bonheur dans une relation solide, forte et positive. Votre vie de famille et votre foyer seront certainement les facteurs les plus importants dans votre vie.

A 1	**B** 17	**C** 50	**D** 6
E 48	**F** 8	**G** -1	**H** 19
I 7	**J** 51	**K** 16	**L** 0
M 18	**N** -2	**O** 9	**P** 49

Figure 9B

« La case E représente votre enthousiasme et votre énergie. Vous avez le chiffre 3 (4 + 8 = 12, et 1 + 2 = 3). Cela indique que vous êtes très enthousiaste et que vous déployez beaucoup de votre énergie dans des activités qui vous permettent de vous exprimer. Il peut s'agir du chant, de la danse, de la parole, de l'écriture – ou de toute autre activité que vous jugez personnellement créative. Il y a de fortes chances que ce soit par la parole.

« Huit est le chiffre de l'argent et vous l'avez dans la case F. Cela peut signifier deux choses. Soit vous pouvez profiter de certains avantages financiers de votre famille ou de vos amis. Soit vous pouvez dépenser de l'argent pour votre famille et vos amis. Mais généralement, cela signifie que vous bénéficierez de certains avantages. Par conséquent, vous hériterez sans aucun doute d'un capital à un moment de votre vie.

« Dans la case G, vous avez un 1, qui est en fait un 1 négatif. Cela indique un point de focalisation sur lequel vous devez être particulièrement vigilant. Cette case représente la générosité. Dans cette position, un 1 montre que vous êtes généreux, mais à votre manière. Vous devez vous assurer que vous l'êtes réellement. Si vous ne vous montrez pas généreux lorsque vous devriez l'être, cela pourrait vous causer quelques problèmes ultérieurement. En d'autres termes, vous devriez réfléchir à deux fois avant de dire « non ». Cela ne veut pas dire que vous ne devez jamais dire « non », évidemment, mais vous devrez examiner chaque situation avec soin.

« Nous avons un autre 1 dans la case suivante. Cette case est liée au caractère humanitaire. Vous pouvez très bien vous engager pour des causes humanitaires, mais vous le faites à votre manière.

« Votre intuition est vraisemblablement étroitement liée à votre foi et à votre philosophie de la vie. Sept est un chiffre spirituel, et il est à sa place dans la case de l'intuition (case I). Vous constaterez que votre intuition se développera beaucoup plus rapidement si vous vous ménagez des instants de paix et de quiétude. Pendant ces périodes, vous évoluerez intérieurement de toutes les manières possibles, et vous gagnerez constamment en connaissances et en sagesse.

« Vous êtes des plus heureux quand vous êtes avec les personnes que vous aimez et dont vous vous souciez. Vous avez un 6, qui est aussi le chiffre de votre destinée, dans la case J, qui indique le domaine dans lequel vous êtes le plus heureux. Prenez garde de ne pas être trop occupé au point de ne pas pouvoir passer le temps que vous souhaiteriez en compagnie de votre famille au sein de votre foyer.

« Votre chiffre karmique est le 7. Ce qui signifie que lors de votre dernière vie, vous ne vous préoccupiez pas du tout de vous forger une foi et une philosophie de la vie. Par conséquent, il est important que vous vous y atteliez au cours de cette vie. Cela pourrait être une foi ou une philosophie que vous construirez au fil de votre vie.

« La case L représente l'amour. Le fait d'avoir un zéro à cet endroit ne signifie pas que vous n'aurez aucun grand amour dans votre vie. Cela signifie simplement que cette case particulière n'a pas d'incidence spéciale dans cette vie. Avec un 6 pour la Destinée, vous connaîtrez certainement l'amour d'une femme et de votre famille, et comme vous le savez déjà, vous trouvez votre bonheur quand vous êtes chez vous avec eux.

« Maintenant, nous arrivons à la case M qui représente l'argent. Vous avez un 9 dans la case 9. Neuf est le chiffre tourné vers les actions humanitaires. Ce n'est vraiment pas le chiffre qu'il faut avoir à cet endroit si vous voulez devenir millionnaire, car cela signifie que vous êtes très généreux de votre argent. Vous seriez également dans votre élément dans une carrière qui impliquerait un engagement humanitaire.

« Jean, vous avez un second point de focalisation dans votre carte. Vous avez un 2 négatif dans la case N. Ce qui signifie que vous devez veiller à vous montrer bienveillant. Si vous voyez une personne qui se porte bien et qui réussit, vous devez être heureux de son succès, au lieu de le considérer d'un mauvais œil. Ce qui n'est pas toujours facile, particulièrement si cette personne occupe une position que vous brigueriez, par exemple.

« Maintenant, nous arrivons à la case des occasions. Vous y avez un 9. Ce qui signifie que vous aurez de nombreuses occasions d'aider les autres. Quoi qu'il en soit, vous êtes fondamentalement tourné vers les causes humanitaires, et vous saisirez toutes ces occasions d'aider les autres et de rendre ce monde meilleur pour tous.

« Finalement, nous en venons à votre philosophie personnelle de la vie. Vous avez un 4 dans cette case. C'est le chiffre du travail assidu. Cela montre que vous ne rechignez pas à travailler dur et longtemps quand c'est nécessaire. Vous ne vous attendez pas à ce qu'on vous fasse de cadeaux, et vous êtes prêt à fournir tous les préparatifs préliminaires de base. Dans une certaine mesure, vous êtes un travailleur acharné plus qu'un « petit prodige », mais le travailleur acharné parvient toujours à ses fins. »

Voyez-vous à quel point la lecture d'un yantra peut aider les personnes à mieux se connaître ? Je propose souvent aux personnes de porter leur yantra personnel en permanence sur elles pour qu'il agisse comme un talisman porte-bonheur. Il est probable que ces personnes ne se souviennent pas de tout ce qu'on leur a dit, mais elles se souviendront toujours à quel point cette lecture était positive, et à quel point elle reflétait une image fidèle d'elles-mêmes.

Apprenons maintenant à soulever légèrement le voile, et penchons-nous sur le futur d'une personne.

Chapitre Dix :

Prospecter le Futur

Les yantras personnels que nous dessinons donnent une analyse précise de la personnalité, et constituent de merveilleux talismans de protection. Mais ils ne nous permettent pas de considérer les tendances à venir. Fort heureusement, nous pouvons le faire très facilement en redessinant les yantras d'une certaine manière.

Nous commençons par placer le jour et le mois de la naissance d'une personne dans les cases A et B, comme précédemment. Dans la case C, au lieu de mettre les deux derniers chiffres de l'année de naissance, nous plaçons les deux derniers chiffres de l'année que nous voulons considérer. Puis nous additionnons les cases A, B et C et nous réduisons le résultat à un seul chiffre (excepté, bien sûr, les Nombres-Maîtres) et nous plaçons le résultat dans la case D. Enfin, nous complétons le yantra, comme d'habitude.

Prenons l'exemple de Danielle, la jeune femme que nous avons pris pour thème dans le chapitre précédent, et examinons comment elle se portait en 1996.

La première chose que nous constatons, c'est que six chiffres ou nombres ne changent jamais. Ce sont ceux qui se trouvent dans les cases G, H, K, L, M et N. Ils représentent les domaines liés à la générosité, au caractère humanitaire, au karma, à l'amour, à l'argent et à la nature. La générosité d'une personne a peu de chance de varier d'une année à l'autre. Pas plus que son caractère bienveillant ou humanitaire. Il faut généralement toute une vie pour que les facteurs karmiques soient acquittés, et par conséquent, ils ont peu de chances de varier aussi rapidement. La case de l'amour témoigne du potentiel d'une personne au cours de toute son existence, plus que d'une année à l'autre. Cela pourrait être utile de connaître la variation des flux financiers d'une année à l'autre, mais avec les yantras, nous obtenons une représentation globale de la manière dont on gagnera de l'argent, plus qu'une indication sur la facilité avec laquelle il arrive. La nature de l'évolution d'un individu reste constante tout au long de sa vie.

A 3	**B** 12	**C** 96	**D** 4
E 94	**F** 6	**G** 1	**H** 14
I 5	**J** 97	**K** 11	**L** 2
M 13	**N** 0	**O** 7	**P** 95

Figure 10A

Les cases qui sont susceptibles de changer sont les cases E, F, I, J, O et P. Il est certain que l'énergie et l'enthousiasme d'une personne varient d'une année à l'autre. La famille et les amis peuvent changer. Des bébés naissent, des personnes meurent, et nos amis changent. Notre intuition peut aussi varier. Heureusement, elle se développe à mesure que nous avançons dans notre vie, mais elle ne suit jamais une progression constante. Le yantra de l'évolution peut nous révéler quand nous ferons des progrès rapides intuitivement, quand nous marquerons des temps d'arrêt et quand parfois nous régresserons. Les occasions qui se présentent à nous varient beaucoup d'une année à l'autre. Parfois, nous pouvons saisir une occasion et faire de rapides progrès. Et à d'autres moments, nous stagnons. Les responsabilités familiales, le manque de formation et le manque de temps et d'argent influencent la possibilité que nous avons de profiter pleinement des occasions que nous rencontrons.

Il est peut-être surprenant de voir que la case P change d'une année à l'autre. Notre philosophie personnelle peut et doit évoluer et changer à mesure que nous progressons. Il est évident que le chiffre qui se trouve dans la case du yantra personnel détermine l'orientation philosophique vers laquelle la personne se dirigera, mais celle-ci subira aussi l'influence des années qui passent. Je me souviens avoir établi un thème pour un prisonnier et avoir trouvé le chiffre 6 dans cette case. Le chiffre qui figurait dans son yantra personnel était le 4. Ce chiffre indiquait que, dans sa vie, sa philosophie évoluerait progressivement grâce à son travail et à ses efforts. Le chiffre 6 me surprit jusqu'à ce qu'il me dise que pour la première fois de sa vie, il avait été heureux de conseiller et d'aider d'autres personnes. Il était en prison parce qu'il avait profité des autres, et il faisait maintenant l'apprentissage de la joie que peut procurer l'aide à autrui. L'année suivante, le chiffre qui correspondait à sa philosophie se transforma en 7, et, alors qu'il était encore en prison, il entama des études.

Considérons maintenant l'année 1996 pour Danielle.

Nous pourrions dire pour commencer : « Votre énergie peut ne pas être aussi forte que d'habitude (4 dans la case E). Tout ce que vous ferez se réalisera au prix de nombreux efforts et d'un travail assidu. Il se peut que vous perdiez parfois votre enthousiasme. Essayez d'éviter que cela arrive. Travaillez dur et régulièrement et vous serez surprise de constater ce que vous êtes capable de réaliser pendant une année.

« Votre vie de famille et votre foyer seront particulièrement importants pour vous cette année (6 dans la case F). Vous apprécierez des moments de tendresse en compagnie des personnes qui vous sont chères. C'est aussi une bonne année pour embellir votre environnement d'une manière ou d'une autre. Il se peut que vous décidiez de déménager. C'est une bonne année pour les relations que vous entretenez avec vos proches. C'est également une période pendant laquelle vous devez être prudente si vous ne voulez pas avoir de bébé !

« Votre intuition se manifestera d'une manière irrégulière cette année (5 dans la case I). Vous aurez des « flashs » d'inspiration à propos de toutes sortes de choses. Ils vous seront utiles, mais vous aurez plus de difficultés que d'habitude à vous concentrer. Quoi qu'il en soit, vous êtes une personne très intuitive (le chiffre 2 dans la case de votre yantra personnel). Vous pouvez vous sentir frustrée de ne pas pouvoir orienter le cours des choses, comme vous le faites habituellement. L'année prochaine sera beaucoup plus facile pour vous dans ce domaine (ceci parce qu'en 1997, ce chiffre sera un 6.)

« Vous ferez de sérieux apprentissages au cours de cette année (7 dans la case J). Cela peut être dans le domaine spirituel, car vous accorderez une importance particulière à cet aspect de la vie. Toutefois, ce peut tout aussi bien être dans n'importe quel autre domaine. Vous prendrez cet aspect très au sérieux, et vous profiterez pleinement de ces moments que vous consacrerez à l'étude et à la contemplation.

« Il est intéressant de noter que les meilleures occasions qui se présenteront à vous cette année soient dans le domaine spirituel et qu'elles vous permettent d'apprendre (7 dans la case 0). Saisissez ces occasions, travaillez dur, et accueillez avec plaisir la croissance et l'évolution que vous allez connaître cette année.

« Cette année, votre philosophie de la vie évolue grâce à la liberté et au changement (5 dans la case P). Vous souhaiterez observer et explorer de nombreuses activités. Essayez de ne pas trop vous dissiper. Vous ferez beaucoup plus de progrès si vous choisissez un petit nombre d'activités, au lieu d'une douzaine.

« Vous avez une année intéressante en perspective, avec son lot d'expériences nouvelles et variées. Vous apprendrez aussi beaucoup de choses. Vous finirez l'année avec de nouvelles inspirations spirituelles. Vous serez très proche de votre famille et celle-ci vous soutiendra tout au long de cette période»

Voyez-vous comment les meilleures occasions qui se présentent à Danielle se révèlent progressivement ?

Bien sûr, il est possible que l'idée de faire des études ou de connaître une évolution spirituelle lui déplaise. Elle souhaiterait peut-être sortir et gagner beaucoup d'argent. Elle pourrait essayer et même réussir, mais le prix à payer en sera très élevé. Elle réaliserait beaucoup plus de choses, en suivant le cours naturel de son destin et en profitant pleinement de ce que cette année lui offre réellement.

Les yantras sont très utiles quand nous avons besoin de savoir ce que nous devrions faire. Ils ne nous disent pas vraiment ce que nous voulons savoir. Par contre, il y a un temps pour tout. Si Danielle travaille dur cette année et si elle fait ce que son yantra de l'évolution lui dit de faire, elle s'enrichira énormément dans tous les domaines de sa vie. Elle évoluera tout au long de l'année 1996 et fera des progrès excellents dans ses domaines de prédilection.

Si elle va à contre-courant, elle progressera lentement et difficilement, et connaîtra de nombreuses frustrations.

Les tendances nous donnent des indications sur ce que nous devrions faire, plus que sur ce que nous ferons réellement. Notre libre-arbitre est merveilleux, et la vie manquerait de piment si nous ne pouvions en disposer. Elle serait assurément aussi beaucoup plus monotone ! Le yantra de l'évolution est là pour nous indiquer comment faire le plus de progrès possible pendant une période donnée.

Prenons un autre exemple, cette fois avec des chiffres négatifs. Nous nous pencherons sur le cas d'un homme dont le prénom est Marc, qui est né le 7 juin 1934. Nous souhaitons savoir ce que l'année 2000 lui réserve (voir Figure 10B).

Comme vous le savez, nous plaçons les deux chiffres de l'année dans la case C. En l'an 2000 les deux derniers numéros sont zéro. Par conséquent, nous plaçons un zéro dans le yantra de l'évolution de Marc. Puis nous écrivons une addition avec le mois et le jour de sa naissance, plus l'année qui nous intéresse :

A 6	**B** 7	**C** 0	**D** 6
E -2	**F** 8	**G** 5	**H** 9
I 7	**J** 1	**K** 6	**L** 5
M 8	**N** 4	**O** 9	**P** -1

Figure 10B

6
7
2000

2013 et 2 + 0 + 1 + 3

Nous plaçons le chiffre 6 dans la case D de Marc.

Nous pouvons maintenant interpréter ce carré pour l'an 2000.

Pour commencer, nous pourrions dire « Marc, cette année sera tournée vers votre foyer et votre famille (ceci en raison du 6 dans la case D).

« Il est possible qu'un de vos proches ait davantage besoin d'aide et d'attention. Vous pouvez être amené à donner des conseils à une personne qui vous est chère. Il est certain que vous prendrez part à de nombreuses activités familiales au cours de cette année.

« Vous avez un deux négatif dans votre case de l'enthousiasme et de l'énergie. Vous êtes généralement très enthousiaste, mais il vous faudra vous assurer que vous ne vous laissez pas trop emporter par vos « flashs » d'intuition au cours de cette année. Vous devrez peut-être déployer davantage d'efforts que vous ne le pensez dans les relations que vous entretenez avec vos proches.

« La case F représente la famille et les amis. Vous avez un 8, qui est le chiffre de l'argent. Vous pourriez profiter financièrement de votre famille et de vos amis au cours de cette année. Mais il est beaucoup plus probable qu'on vous demande de dépenser de l'argent pour les personnes qui vous sont chères. Étant donné que vous êtes aussi dans une année 6, qui correspond à la famille et au foyer, l'argent que vous dépenserez sera certainement pour ceux et celles que vous aimez. Cela pourrait concerner un mariage ou une fête de famille. Ou encore, aider un jeune membre votre famille à réussir à l'école, ou à s'établir d'une manière ou d'une autre. Il peut s'agir de n'importe quoi, mais comme cela apparaît à deux reprises cette année, ce sera d'une importance capitale.

« La case I concerne votre intuition. Nous avons déjà remarqué que votre enthousiasme naturel peut parfois entraver vos « flashs » d'intuition au cours de cette année. Dans cette case, le 7 indique que vos croyances philosophiques et spirituelles dépendent étroitement de votre intuition au cours de cette année.

« La case suivante est liée à la joie de vivre. Cette année, vous aurez beaucoup de plaisir à vous occuper vous-même de vos affaires. C'est une excellente année pour les loisirs. C'est aussi une bonne période pour découvrir de nouveaux centres d'intérêt.

« La case O concerne les occasions. Avec un 9 dans cette position, vous aurez des occasions d'aider les autres. Cela n'a rien à voir avec les êtres que vous aimez. Vous aiderez l'humanité en général d'une certaine manière. Il est fort probable que ce soit dans votre entourage immédiat, mais il peut aussi s'agir de quelque chose à une grande échelle. Préparez-vous à venir en aide aux personnes qui en ont besoin tout au long de l'année.

« La dernière case est liée à votre philosophie de la vie au cours de cette année. C'est un 1 négatif. Cette année, vous voudrez vous consacrer à un certain nombre de choses qui vous intéressent. Cependant, il est possible que vous ne soyez pas en mesure de les faire parce que vous serez déjà très occupé à aider les autres de différentes manières. C'est beaucoup plus une année marquée par la famille et le foyer, et vous aiderez les personnes qui vous sont chères. Vous viendrez aussi en aide à autrui dans des communautés plus importantes. Cela a pour conséquence que vous disposerez de moins de temps que vous ne le souhaiteriez pour vous consacrer à ce que vous voudriez faire. Restez calme et relaxez-vous. Faites ce que vous devez faire, et ménagez-vous des moments de détente pour vous-même. Le un négatif s'applique uniquement à cette année. L'année prochaine, il sera derrière vous.

« En résumé, je pense que vous allez avoir une année très fructueuse, même s'il est possible que vous n'ayez pas le temps de faire tout ce que vous voudrez. Ce sera une année mémorable pour la famille dans son ensemble, et vous y jouerez un rôle important. »

Voyez-vous à quel point une lecture comme celle-ci peut être utile ? Si Marc avait prévu de se consacrer à la pêche, seul, cette année, il peut voir que cela ne sera pas possible en l'an 2000. Bien sûr, il peut aller à contre courant de toutes ces indications et aller à la pêche, mais il ressentira un sentiment de culpabilité, et il n'en éprouvera que peu de plaisir. Il aura une année beaucoup plus heureuse, et plus fructueuse, s'il suit les conseils qui lui sont donnés par son yantra de l'évolution.

Chapitre Onze :

Amour et Compatibilité

De même que nous pouvons créer notre propre yantra personnel, ainsi que des yantras particuliers pour chaque année, nous pouvons aussi en créer pour provoquer ce que nous désirons. Nous pouvons réaliser cela en faisant en sorte que le total de la rangée supérieure donne le chiffre que nous désirons. Si nous voulons l'amour, nous dessinerons un yantra dont le total se réduit au chiffre 2. Si nous souhaitons une famille, nous fabriquerons un yantra dont la somme se réduit à 6. Pour l'argent, le total serait de 8 (si notre yantra personnel se réduit déjà au chiffre que nous voulons mettre en valeur, nous l'utilisons pour les deux desseins. Par exemple, si nous voulons attirer l'amour et si notre yantra personnel se réduit à un 2, nous utilisons notre yantra personnel pour attirer l'amour et nous l'utilisons également comme un talisman personnel.)

Créons des yantras particuliers pour Crystal, que nous avons déjà rencontrée dans le Chapitre Quatre. Sa date de naissance était le 14 août 1965 (voir Figure 11 A). Chaque rangée de son yantra personnel donne 94, qui se réduit à 4.

AMOUR

Pour créer un yantra qui attire l'amour, il faut que chaque rangée se réduise à un deux. Dans le cas de Crystal, nous pourrions le faire en remplaçant le chiffre 7 dans la case D par un 5. Maintenant (en utilisant les mêmes formules que nous avons déjà utilisées pour faire notre yantra personnel), chaque case de son yantra donne 92, qui se réduit au chiffre que nous voulons (voir Figure 11 B). Crystal devrait porter ce yantra jusqu'à ce qu'elle trouve la personne qui lui convient et qu'elle tombe amoureuse.

A 8	**B** 14	**C** 65	**D** 7
E 63	**F** 9	**G** 6	**H** 16
I 8	**J** 66	**K** 13	**L** 7
M 15	**N** 5	**O** 10	**P** 64

Figure 11A : Le Yantra de Crystal

A 8	B 14	C 65	D 5
E 63	F 7	G 6	H 16
I 6	J 66	K 13	L 7
M 15	N 5	O 8	P 64

Figure 11B : Le Yantra de Crystal pour attirer l'Amour

Crystal devra aussi être consciente que bien que le nouveau yantra fasse ressortir le chiffre qu'elle désire, quatre des chiffres ou nombres de son yantra personnel auront changé. La case F s'est transformée de 9 à 7. Quand elle porte ce yantra, elle sera probablement plus inquiète à propos de sa famille et de ses amis. La case I varie de 8 à 6. Elle aura probablement plus d'intuition avec ceux/celles qu'elle aime qu'envers l'argent. Pour finir, la case O se transforme de 10 à 8. Elle pourrait avoir davantage d'occasions de gagner (et de dépenser) de l'argent avec ce nouveau yantra. Naturellement, son yantra personnel sera toujours plus puissant qu'un yantra construit pour des besoins particuliers, mais il faut aussi examiner attentivement les effets secondaires potentiels. Lorsque les changements semblent être trop négatifs, il vaut mieux porter votre yantra personnel en toutes circonstances et celui que vous aurez construit plus spécifiquement.

Si Crystal souhaitait un mari et une famille, elle pourrait créer le yantra qui convient en plaçant un 9 dans la case D. Ce qui donne un total de 96, qui se réduit à un 6 (voir Figure 11C).

COMPATIBILITE

Nous pouvons également déterminer le degré de compatibilité entre deux personnes en examinant leurs yantras.

Nous commençons par observer le chiffre ou le nombre de la Voie de l'existence qui se trouve dans la case D. La figure 11D montre les degrés de compatibilité pour chaque combinaison. Ce qui nous donne un premier indice. Un « A » indique que le degré de compatibilité entre un couple est très élevé. Un « B » indique aussi un bon degré de compatibilité. Avec un « C » ou un « D » le couple devrait y réfléchir à deux fois, et explorer ses yantras, avant de s'engager dans une relation à long terme.

Puis nous observons chaque case l'une après l'autre et nous regardons si les nombres se réduisent au même chiffre, ou si ils sont compatibles.

Supposons que Crystal ait un petit ami dont le nom est Tom et qui soit né le 17 avril 1963 (voir Figure 11 E). Il a un 22 dans la case D. Crystal a un 7. En consultant la Figure 11 D, nous voyons que le 7 et le 22 sont très compatibles. Ce qui annonce un bon départ.

A 8	**B** 14	**C** 65	**D** 9
E 63	**F** 11	**G** 6	**H** 16
I 10	**J** 66	**K** 13	**L** 7
M 15	**N** 5	**O** 12	**P** 64

Figure 11C :
Le Yantra de Crystal pour un mari et une famille

Voie de l'Existence	**1**	**2**	**3**	**4**	**5**	**6**	**7**	**8**	**9**	**11**	**22**
1	B	C	D	A	A	C	A	B	D	D	C
2	C	B	B	A	C	A	B	D	B	B	A
3	D	B	A	C	C	A	C	A	A	C	B
4	A	A	C	B	D	B	A	A	D	C	B
5	A	C	C	D	B	C	C	D	B	B	C
6	C	A	A	B	C	A	C	C	A	B	D
7	A	B	C	A	C	C	B	D	C	B	A
8	B	D	A	A	D	C	D	C	C	B	A
9	D	B	A	D	B	A	C	C	A	B	B
11	D	B	C	C	B	B	B	B	B	B	A
22	C	A	B	B	C	D	A	A	B	A	B

Figure 11D : Compatibilité des Voies de l'Existence

Puis nous observons les autres cases les unes après les autres. Dans la case E, Crystal a un 9 et Tom a un 7. Tom s'engagera probablement avec beaucoup d'enthousiasme et d'énergie dans des recherches solitaires. Ainsi il se consacrera volontiers à ses études, à l'acquisition de connaissances et de la sagesse. Crystal, quant à elle, s'engagera avec beaucoup d'énergie pour aider autrui.

Dans la case F Crystal a un 9 et Tom a un 6. Ces deux chiffres sont marqués par le caractère humanitaire, ainsi tous deux s'intéresseront à la vie de famille et ils aideront les autres avec plaisir.

La case G indique un 6 pour Crystal et un 2 pour Tom. Tous deux sont probablement généreux de la même manière : Crystal envers sa famille et Tom envers les personnes qui lui sont chères.

A 4	**B** 17	**C** 63	**D** 22
E 61	**F** 24	**G** 2	**H** 19
I 23	**J** 64	**K** 16	**L** 3
M 18	**N** 1	**O** 25	**P** 62

Figure 11E

La case H contient un 7 pour Crystal et un 1 pour Tom. Quand Crystal aide les autres, elle est probablement guidée par des motivations spirituelles. Alors que Tom le fera peut-être en ayant ses propres besoins à l'esprit, ou tout simplement parce qu'il le veut.

La case I indique que Crystal a des « flashs » d'intuition quand il s'agit de gagner et de dépenser l'argent. L'intuition de Tom est peut-être plus aléatoire, et il peut avoir des pressentiments à propos d'un grand nombre de choses.

La case J est importante pour déterminer la compatibilité, car elle indique ce que la personne apprécie le plus. Crystal aime s'amuser et s'exprimer. Alors que Tom trouve son bonheur quand il fait des choses par lui-même, et qu'il ne fait appel à personne d'autre.

La case K révèle que, lors de sa vie passée, Crystal n'a pas travaillé très dur, et que Tom n'a pas connu d'évolution sur le plan spirituel (nombreux sont ceux qui prétendent qu'un 7 karmique révèle des histoires d'amour illicites qui auraient fait du mal ou auraient fait souffrir les autres, au cours de vies antérieures[19]).

La case L est aussi importante pour la compatibilité. Quand Crystal est amoureuse, cela relève presque du domaine du spirituel. C'est un sentiment doux et empreint de quiétude. Tom aime être amoureux et il est beaucoup plus exubérant.

Dans la case M, Crystal a un 6 et Tom un 9. Tous deux peuvent gagner de l'argent à partir de ce qu'ils trouvent attrayant. Crystal serait heureuse si elle travaillait au sein d'une entreprise familiale. Ils doivent s'assurer qu'ils ne sont pas trop généreux avec l'argent.

La case N contient un 5 dans le yantra de Crystal et un 1 dans celui de Tom. Crystal est capable de s'occuper de nombreuses choses et de les mener toutes à bien. Tom préfère se consacrer à une seule chose à la fois, et il en aura eu lui-même l'initiative.

La case O représente les occasions. Crystal aura des occasions de s'établir solidement et d'atteindre un certain degré d'indépendance. Tom aura des occasions d'évoluer spirituellement.

Crystal et Tom ont des philosophies différentes de la vie. Crystal veut être indépendante et mener ses propres affaires. Tom veut gagner de l'argent et être à l'abri financièrement.

Pensez-vous que Crystal et Tom sont compatibles ? Leurs voies de l'existence montrent un degré élevé, mais aucune case ne comporte les mêmes chiffres ou nombres. Les cases F, G et M comprennent des chiffres ou des nombres compatibles, mais souvent, d'autres nombres révèlent qu'ils sont aux antipodes l'un de l'autre. Crystal et Tom devraient bien réfléchir avant de s'engager dans une relation permanente.

Incidemment, je pense que même les combinaisons les plus improbables peuvent fonctionner si l'amour et la bonne volonté sont présents de part et d'autre. Cependant, plus il y

---

[19] Goodwin, Matthew Oliver. *Le Guide complet de la Numérologie (volume 1)*. Newcastle Publishing, Inc., North Hollywood, Californie, 1981, p. 311.

a de choses en commun, plus il est facile d'entretenir une relation, tout particulièrement lorsqu'on traverse des périodes difficiles.

Voici un autre exemple. Sarah est née le 27 juin 1974 (voir Figure 11F). Elle a deux petits amis. L'un est plus exigeant et plus ambitieux que l'autre. Elle pense qu'il finira par être le plus riche des deux. Mais l'autre a davantage le sens de l'humour, et ils ont certainement beaucoup plus de choses en commun. Bill est né le 14 mars, 1973 (voir Figure 11G) et Joe est né le 18 septembre 1974 (voir Figure 11H).

Avant de poursuivre notre lecture, voyons si vous pouvez dire lequel de ces deux jeunes gens serait le meilleur partenaire pour Sarah ? Commencez par déterminer quel sont les chiffres de la Destinée (case D), puis examinez chaque case l'une après l'autre. Vous verrez se dessiner progressivement une image claire.

A 6	B 27	C 74	D 9
E 72	F 11	G 4	H 29
I 10	J 75	K 26	L 5
M 28	N 3	O 12	P 73

Figure 11F : Carte de Sarah

A 3	B 14	C 73	D 1
E 71	F 3	G 1	H 16
I 2	J 74	K 13	L 2
M 15	N 0	O 4	P 72

Figure 11G : Carte de Bill

Compatibilité entre Sarah et Bill

Sarah a un 9 dans la case de la destinée. Au cours de cette existence, elle doit apprendre à s'intéresser davantage aux causes humanitaires. Bill a un 1 dans la case de la destinée. Il doit apprendre à être autonome et à réaliser quelque chose. En considérant la Figure 11D, nous constatons que cette combinaison a très peu de chances de réussir. Mais nous savons, par ailleurs, que les combinaisons difficiles peuvent réussir si les deux personnes souhaitent réellement que cela aboutisse.

Dans la case E, Sarah a un 9. Elle aide les autres avec beaucoup d'enthousiasme et d'énergie. Bill, quant à lui, consacre son enthousiasme et son énergie à gagner (ou à dépenser) de l'argent.

Sarah a un Nombre-Maître dans la case F. Sa famille et ses amis ont une importance particulière pour elle, mais ils ne sont pas en accord avec ses espérances qui sont très élevées. Elle est parfois déçue par son propre manque de perfection. Bill a un 3 dans cette case. Il aime être en compagnie de sa famille et de ses amis et il s'exprime très facilement dans ce cadre.

Avec un 4 dans la case G, Sarah peut travailler très dur pour aider les autres. Bill est généreux à sa manière.

Sarah a un autre Nombre-Maître dans la case H (29 se réduit à 11). Elle a tendance à être idéaliste et à s'imaginer un monde parfait. Elle est tournée vers les causes humanitaires, mais il lui est parfois difficile de se trouver aux endroits où sévissent la souffrance et la douleur. Le caractère humanitaire de Bill est lié à sa foi. Il sera plus détaché que Sarah dans ce domaine.

Sarah devra tout d'abord développer seule son intuition. L'intuition de Bill est plus naturelle. Il pensera peut-être qu'il s'agit d'un pressentiment plus que d'un pouvoir extrasensoriel, mais il en aura assez facilement.

Sarah est heureuse quand elle s'amuse simplement. Que ce soit quand elle se consacre à ses loisirs, ou quand elle passe son temps à discuter avec ses amis. Bill a un Nombre-Maître dans la case J, et sera comblé quand il pourra faire des choses qu'il estime importantes. Il aura beaucoup de rêves et devra les juger attentivement avant d'essayer de les réaliser, car ils ne seront pas tous très pratiques.

Dans la case K, Sarah a un 8. Au cours de sa vie passée, elle a mal utilisé son argent, et elle doit s'assurer qu'elle le gère raisonnablement pendant cette vie. Bill a un 4. Il était paresseux au cours de sa vie passée, et doit s'assurer qu'il travaille dur cette fois-ci.

Sarah a un 5 dans la case L. Pour elle, une relation amoureuse positive ne doit pas littéralement la subjuguer, ni l'étouffer. Elle aura toujours besoin de se ménager des moments à elle. Bill a un 2. Cela signifie qu'il entretiendra une relation importante et durable dans laquelle il y aura un partage et un soutien mutuel.

Avec un 1 dans la case M, Sarah est prête à travailler dur pour gagner de l'argent. Bill a un 6, il profitera donc peut-être financièrement de sa famille.

Avec un 3 dans la case N, Sarah développera ses loisirs et ses centres d'intérêt. Elle entretiendra les relations qu'elle a avec ses amis, et elle cherchera des occasions d'être avec les gens qu'elle aime. Bill a un zéro dans cette case. Cela ne signifie pas qu'il n'entretient rien. Mais c'est le signe que ça n'a pas beaucoup d'importance pour lui. Si besoin est, il approfondira les choses dont il peut profiter, sinon ses efforts se tourneront vers autre chose.

Pour finir, Sarah a un 1 dans la case P. Sa philosophie de la vie a pour but d'atteindre une certaine indépendance et de devenir autonome. La philosophie de Bill (qui a peu de chances de se manifester au début de sa vie) consiste à aider autrui.

Compatibilité entre Sarah et Joe

A 9	**B** 18	**C** 74	**D** 3
E 72	**F** 5	**G** 7	**H** 20
I 4	**J** 75	**K** 17	**L** 8
M 19	**N** 6	**O** 6	**P** 73

Figure 11H : Carte de Joe

A nouveau, nous observons les chiffres de la destinée. Sarah a un 9 et Joe a un 3. C'est une excellente combinaison.

Dans la case E, Sarah et Joe ont un 9. Ce qui signifie qu'ils orienteront leur enthousiasme et leur énergie vers les mêmes domaines.

En ce qui concerne la famille et les amis, Sarah a un Nombre Maître qui témoigne d'un certain idéalisme. Les personnes dont elles se soucient ont une importance particulière à ses yeux. Joe a un 5 dans la case F. Il aime sa famille et ses amis, mais il a aussi besoin d'une certaine liberté. Il ne veut pas être lié par les projets de sa famille.

Même une fois marié, Joe aura besoin d'une certaine liberté.

Quand Sarah est généreuse, elle est prête à travailler dur et à consacrer toute son énergie à ce qu'elle veut. Joe peut se montrer généreux envers ce qui est lié aux valeurs spirituelles.

En ce qui concerne l'aspect humanitaire, Sarah a un 11, un Nombre-Maître et Joe a un 2. Sarah et Joe sont des personnes attentionnées et ont les mêmes opinions dans ce domaine. Sarah sera peut-être plus idéaliste que Joe, mais ils travaillent bien ensemble.

Aussi bien Sarah que Joe devront effectuer un travail en vue de développer leur intuition et s'y fier. Dans le cas de Sarah, cela se fera grâce à ses propres efforts. Joe devra travailler dur pour développer son intuition. Avec un 3 dans la case de la destinée, il est probablement très logique, et peut avoir quelques difficultés à faire confiance à sa douce voix intérieure.

Sarah et Joe ont tous les deux un 3 qui témoigne de leur joie de vivre. Tous deux apprécient les moments insouciants et gais en compagnie des personnes qu'ils aiment. Ils passeront ensemble des moments très agréables.

Au cours de leurs vies passées, tous deux ont mal géré leur argent. Cette fois, ils devront s'assurer qu'ils gèrent leur argent raisonnablement. C'est une chose qu'ils peuvent apprendre ensemble. Il est possible qu'ils veuillent faire une régression dans leur vie passée pour voir s'ils étaient ensemble dans leur précédente incarnation.

Sarah a toujours besoin d'un peu de place autour d'elle, même avec le partenaire idéal. Joe a un 8 dans la case L. Il peut gagner de l'argent avec sa partenaire, et/ou il peut dépenser de l'argent pour sa partenaire. Sarah a un 5 dans la case L. C'est le chiffre des professions libérales. Le cinq et le 8 vont bien ensemble, ainsi Sarah et Joe réussiront bien dans les affaires. Pour beaucoup de couples, il est difficile de vivre et de travailler ensemble.

Dans la case M, Sarah et Joe ont, une fois de plus, le même chiffre – un 1. Cela signifie qu'ils veulent tous les deux gagner de l'argent et être indépendants. Dans ce domaine, ils sont sur la même longueur d'onde.

Dans la case N, Sarah a un 3. Elle aime soutenir ses amis et se consacrer à ses loisirs et à ses centres d'intérêt. Joe a un 6. Il sera un excellent père qui soutiendra et qui encouragera ses enfants, et les autres personnes qu'il aime. Etant donné que le 3 et le 6 sont des chiffres créatifs, Sarah et Joe s'encourageront mutuellement dans leurs activités artistiques.

Il en va de même pour la case O, car Sarah a un 3 et Joe a un 6. Ils ont tous les deux des occasions de s'exprimer, d'aider autrui et de développer leurs talents créatifs.

Pour finir, nous observons la case P. Sarah et Joe ont tous deux un 1 dans cette case. Ils ont une philosophie de la vie qui consiste à être indépendants et autonomes, ils prendront soin l'un de l'autre, et finiront par être indépendants.

Sarah serait-elle plus heureuse avec Bill ou avec Joe ? J'ai délibérément pris cet exemple qui semble assez évident, et j'espère que votre réponse se porte sur Joe.

Peu de choses plaident en faveur d'une relation entre Sarah et Bill. Même les destinées constituaient des combinaisons difficiles. Pas une seule case était identique, ou même compatibles.

Comparons la relation entre Sarah et Joe. Les destinées sont compatibles, et augurent un bon départ. Les cases E, J, K, M et P sont identiques, et témoignent de similitudes de points de vue dans ces domaines. De même pour la case H, (11 et 2 : on peut considérer 11 comme un « super » 2). Les chiffres des cases L, N et O sont également compatibles.

Ce qui ne veut pas dire que Sarah aura obligatoirement une vie merveilleuse avec Joe. Toutefois, elle a de fortes chances que cela se réalise. Si elle décide de s'installer avec Bill, tous deux devront déployer beaucoup d'efforts et travailler dur pour que leur relation aille bien. Si chacun y met la même volonté, ils réussiront à être heureux ensemble, et leur relation sera stable et durable.

LE YANTRA COMPOSÉ

Des personnes qui projettent de s'engager dans une relation durable peuvent créer un yantra composé pour renforcer leur union. Tous deux devraient le porter en permanence.

Prenons l'exemple de Sarah et de Joe. Sarah a le chiffre 6 dans la case A de son yantra de naissance. Joe a un 9. On additionne le 6 et le 9, et on place ce chiffre dans la case A du nouveau yantra (voir Figure 11I). Puis on place le 45 dans la case B, car Sarah a 27 dans sa case B et Joe a 18 (27 + 18 = 45).

On procède ainsi avec chaque case jusqu'à ce que le yantra soit complet. On ne réduit en aucun cas les nombres. On additionne les deux nombres et on insère le total dans le nouveau yantra.

On n'interprète jamais ce yantra. On le porte simplement comme un talisman, un charme porte-bonheur, et comme une preuve permanente de l'amour mutuel du couple. Ainsi, habituellement, on le grave dans de l'or ou de l'argent au lieu de le dessiner simplement sur du papier. Si toutefois, il est dessiné sur du papier, on le garde généralement dans un médaillon en or ou en argent.

A **15**	**B** **45**	**C** **148**	**D** **12**
E **143**	**F** **16**	**G** **11**	**H** **49**
I **14**	**J** **150**	**K** **43**	**L** **13**
M **47**	**N** **9**	**O** **18**	**P** **146**

Figure 11I : Le Yantra composé

Chapitre Douze :

L'Argent

Comme vous le savez maintenant, le huit est le chiffre de l'argent. Les personnes qui veulent avoir plus d'argent peuvent en profiter en portant un yantra dont le total donne ce chiffre. Supposons que Crystal veuille avoir plus d'argent. Elle pourrait construire le yantra pour ce faire en plaçant soit un 2 (voir Figure 12 A) soit un 11 dans la case D. Si elle choisit le 11, elle doit être consciente que bien que ce nombre puisse contribuer à obtenir des résultats, il peut aussi avoir pour effet de rêver éveillé à l'argent. En d'autres termes, elle a autant de chances de gagner de l'argent que de ne pas en gagner du tout.

En fait, on peut placer n'importe quel chiffre ou nombre qu'on réduit au chiffre que l'on désire dans la case D. Par exemple, pour le yantra de Crystal destiné à attirer l'argent, on pourrait placer les chiffres ou nombres suivants dans la case D : 2, 11, 29, 38, 47, 56, 65, 74, 83, ou 92. Il est intéressant de noter que tous ces nombres se réduisent à 11.

Nous ne devons pas nous limiter à des chiffres ou à des nombres à deux chiffres. Nous pouvons utiliser tout aussi facilement un nombre à trois ou à quatre chiffres, si nous le souhaitons. Mais généralement, nous n'avons pas vraiment intérêt à le faire, car les nombres qui changent (les cases F, I et O) se réduisent et donnent toujours le même chiffre.

La seule exception, est quand on obtient un Nombre-Maître (un 11 ou un 22). Lorsque cela se produit, il est important de décider précisément si on va l'utiliser ou non. Un Nombre-Maître engendre un potentiel plus grand, mais aussi des responsabilités plus importantes. Tout le monde n'est pas capable d'y faire face.

A **8**	**B** **14**	**C** **65**	**D** **2**
E **63**	**F** **4**	**G** **6**	**H** **16**
I **3**	**J** **66**	**K** **13**	**L** **7**
M **15**	**N** **5**	**O** **5**	**P** **64**

Figure 12A

Il arrive que les gens utilisent des nombres plus grands dans la case D à des fins esthétiques. Quand le nombre dans la case C est important, de nombreuses personnes préfèrent avoir un autre grand nombre dans la case D. Toutes les personnes nées depuis 1950 ont un grand nombre dans la case C. C'est uniquement une question de choix personnel.

En créant et en utilisant un yantra dont le total (ou la réduction) donne un certain chiffre, on attire l'essence même du chiffre vers soi. La seule chose que l'on souhaite quand on fabrique un yantra dont le total est 8, c'est d'attirer l'argent.

Cependant, il nous faut également examiner les nombres qui ont changé (Les cases F, I et O) et observer la manière dont ils sont affectés.

Dans le cas de Crystal, la case F est passée de 9 à 4. Cela signifie qu'elle sera très occupée et qu'elle disposera de moins de temps pour aider les personnes qu'elle aime. Si cela devait être un problème, elle devrait réfléchir attentivement avant d'utiliser son yantra de l'argent.

La case I passe de 8 à 3. Le yantra de sa naissance indique qu'elle a des « flashs » d'intuition en matière d'argent. Ceux-ci seront réfrénés, car il y a désormais un 3, qui est le chiffre de la logique. Il est probable qu'elle perde une partie de son intuition. Si celle-ci concernait ses dépenses d'argent, plutôt que le fait d'en gagner, cela pourrait même être une bonne chose que son intuition soit quelque peu réfrénée.

Pour finir, la case O passe de 1 à 5. Elle perdra un peu de son indépendance, mais elle y gagnera la liberté et la versatilité qu'offre le 5. Il se pourrait qu'elle utilise mieux les occasions qui se présentent à elle, car le 1 a une approche plus rigide que le 5. Le risque qu'encourt le 5, c'est de s'investir dans un trop grand nombre d'activités et d'en essayer encore d'autres.

Il faut tenir compte de tout cela quand on construit un yantra pour attirer de l'argent. Généralement, on n'interprète pas le yantra destiné à attirer l'argent. Il va de soi que vous devez vous assurer que vous obtenez les chiffres qui vous conviennent le mieux lorsque vous le construisez pour la première fois. Toutefois, lorsqu'il est construit, on le porte simplement pour attirer l'argent, et on ne lit pas les cases individuelles.

Que faites-vous si vous n'êtes pas satisfait(e) des changements de nombres quand vous créez un yantra pour attirer l'argent ? Vous avez deux possibilités.

Vous pouvez dessiner un Carré de Jupiter et le porter avec votre propre yantra personnel. En 1801, Francis Barrett, écrivit à propos du Carré de Jupiter : « *il mène à l'acquisition des richesses, il favorise l'amour, la paix et l'harmonie, il apaise les ennemis et il confirme les honneurs, les titres, tout comme il est bon conseiller.* »

Vous pouvez aussi porter un yantra destiné à un objectif financier particulier.

Si vous êtes dans les affaires et si vous souhaitez qu'elles s'améliorent, vous pouvez construire un yantra spécifique (voir Figure 12B) et le laisser sur les lieux de votre entreprise. Remarquez l'importance du chiffre 8 dans ce yantra.

Pour obtenir une promotion dans votre travail, et gagner ainsi plus d'argent, vous devriez construire un yantra particulier (voir Figure 12C) un mardi.

On peut aussi noter l'existence d'un yantra intéressant (voir Figure 12D) qui est censé être dessiné sur une feuille de chou. Puis on dit que tous vos désirs, y compris ceux qui concernent l'argent, seront réalisés.

Je connais des personnes qui portent plusieurs yantras pour l'argent, car elle pensent que plus on porte de yantras, plus il y a de chances que l'argent abonde. Personnellement, je ne pense pas que c'est le cas. Je vous recommande de porter votre propre yantra personnel et un seul yantra destiné à attirer l'argent. Sinon, vous pouvez aussi porter le Carré de Jupiter avec votre yantra personnel. On peut réaliser un très beau pendentif avec un yantra sur chaque face. Ce faisant, vous attirerez les choses positives grâce à votre yantra personnel d'un côté, et l'argent grâce à votre yantra destiné à l'attirer de l'autre côté.

A 9	**B** 72	**C** 8	**D** 8
E 8	**F** 9	**G** 7	**H** 62
I 77	**J** 27	**K** 8	**L** 1
M 7	**N** 5	**O** 79	**P** 74

Figure 12B

A **1**	**B** **14**	**C** **11**	**D** **8**
E **12**	**F** **7**	**G** **2**	**H** **13**
I **6**	**J** **9**	**K** **19**	**L** **3**
M **15**	**N** **4**	**O** **5**	**P** **10**

Figure 12C

A **7**	**B** **2**	**C** **56**	**D** **49**
E **53**	**F** **52**	**G** **3**	**H** **6**
I **1**	**J** **8**	**K** **50**	**L** **55**
M **44**	**N** **5**	**O** **4**	**P** **43**

Figure 12D

Chapitre Treize :

Les Yantras en Inde

En Inde, on dessine généralement les yantras sur du papier ou on les grave sur du métal. Puis on les porte ou on les place où on estime qu'ils seront le plus efficaces. On utilise les carrés magiques yantras comme des supports à la méditation ou comme des talismans pour attirer ce que l'on souhaite. Ce sont des motifs énergétiques puissants que l'on considère comme étant la personnification de Dieu. En construisant un yantra particulier, on communique directement avec la force vitale de l'univers. Par conséquent, on pense que si votre requête est sincère, vos désirs seront réalisés.

On peut construire des yantras pour toutes sortes de desseins, qu'ils soient bons ou mauvais. Par exemple, en Inde, on pense qu'un yantra adéquat peut perturber un ennemi, atténuer les souffrances de la mise au monde d'un enfant, et guérir les hémorroïdes. Tous ceux-ci ne sont pas des carrés magiques parfaits.

D'habitude, quand on utilise les yantras, on prononce des mantras ou on fait un rituel.

Un autre exemple de l'utilisation d'un yantra accompagné d'un rituel est le yantra qu'on construit pour « faire tourner la tête » des autres (que ce soit les hommes, les femmes, les animaux, les esprits ou les démons). On inscrit ou on dessine ce yantra sur une assiette en or. Puis on place tous les jours du gruau dans cette assiette en guise d'offrande. Pendant quarante-cinq jours, la personne qui a construit le yantra doit le regarder fixement tout en récitant mille fois le mantra suivant :

Tanuc-chayabhis to taruma-tarami-Sri-dharamibhir diream Sarvan vrrvein areemima-nimagnam Smarati yah. Bhavanty arya trasyad-vama-Rarima-Salima-nayanah Sahorvasya Kati Kati na girvama-gami kah.

Dans la plupart des cas, le rituel est plus simple. Par exemple, si une femme recherche un mari et fabrique dans ce but un yantra particulier (voir Figure 13A). On dessine ce yantra sur une assiette en porcelaine avec un crayon de pastel. Puis on lave l'assiette avec de l'eau, que la personne doit boire. Quand cela est possible, on doit écrire ce yantra avec une encre spéciale connue sous le nom de *Ashat Gandh.* C'est un mélange composé de plusieurs ingrédients, dont le plus important est l'eau du Ganges.

Il existe un yantra particulier pour les personnes qui pensent que les autres parlent d'elles derrière leur dos (voir Figure 13B). On peut aussi l'utiliser quand on a été blessé par autrui d'une manière ou d'une autre. Ce yantra est connu sous le nom de Swara-e-Manafakoon, et est inhabituel à de nombreux égards. C'est un yantra de 4 X 3 cases et non un carré parfait. Les nombres qu'il contient ont trois, quatre, et cinq chiffres, et on répète un des nombres. Les personnes qui l'utilisent doivent réciter les nombres 160 fois, puis elles gardent le yantra sur elles pour éviter que les rumeurs ne reprennent.

Il est intéressant de noter que presque tout les livres indiens qui traitent de ce sujet précisent qu'il faut dessiner les yantras uniquement à des fins bénéfiques. Cependant, ils poursuivent et incluent des yantras destinés à neutraliser les ennemis, à briser une relation, et à faire en sorte que les personnes de sexe opposé fassent ce que vous voulez.

24762	24768	24771	25320
24770	24758	24763	25341
24759	24773	24766	24325
24767	24761	24760	25344

Figure 13A

Il y a de nombreux yantras universels, tels que celui illustré par la Figure 13C. Il doit être porté autour du cou pour attirer l'amour et l'amitié. On le grave souvent sur du cuivre ou sur de l'acier inoxydable.

7753	177	408	7355
7754	157	1530	17750
17749	177	156	17751

Figure 13B

Le yantra illustré par la Figure 13D doit être gravé sur une plaque en cuivre et porté autour du cou. Il est connu pour augmenter les richesses et pour gagner le respect des autres.

On utilise le carré magique de Wu de 3 X 3 cases de nombreuses manières en Inde. Le yantra illustré par la Figure 13E est connu pour créer l'amour entre les personnes. Ce yantra doit être dessiné un vendredi à l'heure de Vénus. Les deux personnes doivent porter une copie du yantra sur elles en permanence.

50	**53**	**56**	**43**
55	**44**	**49**	**54**
45	**58**	**51**	**48**
52	**47**	**46**	**57**

Figure 13C

On a inventé une autre version du carré de 3 X 3 cases pour créer l'harmonie entre les hommes et les femmes (voir Figure 13F). Il doit être dessiné un mercredi ou un vendredi. Une fois de plus, les deux personnes doivent en porter une copie sur elles.

7	2	55	48
51	52	3	6
1	8	48	54
3	50	5	4

Figure 13D

On utilise une autre version du carré magique de 3 X 3 cases pour trouver des personnes disparues (voir Figure 13G). On le dessine quand quelqu'un disparaît sans laisser de trace. Ce yantra est connu pour la faculté qu'il a de ramener la personne à la maison. Il doit être suspendu à un arbre.

4	9	2
3	5	7
8	1	6

Figure 13E

D'autres yantras de 3 X 3 cases ont été mentionnés dans le Chapitre Un.

2	9	4
7	5	3
6	1	8

Figure 13F

Pour de nombreux yantras, le moment où on les construit est très important. C'est particulièrement le cas pour les yantras astrologiques qui doivent être faits pendant des jours et des heures spécifiques qui dépendent d'une planète particulière. La Table des Heures Planétaires (voir Figure 13H) dresse une liste des différentes heures planétaires. Les heures du jour débutent au lever du soleil et finissent avec le coucher de soleil. Par conséquent, une heure planétaire ne dure pas obligatoirement soixante minutes. En été les heures du jour dureront soixante minutes et plus, mais en hiver, elles seront plus courtes. Bien sûr, les heures planétaires de la nuit seront plus courtes en été et plus longues en hiver.

6	7	2
1	5	9
8	3	4

Figure 13G

Heures du jour

	Dimanche	Lundi	Mardi	Mercredi	Jeudi	Vendredi	Samedi
1	Soleil	Lune	Mars	Mercure	Jupiter	Vénus	Saturne
2	Vénus	Saturne	Soleil	Lune	Mars	Mercure	Jupiter
3	Mercure	Jupiter	Vénus	Saturne	Soleil	Lune	Mars
4	Lune	Mars	Mercure	Jupiter	Vénus	Saturne	Soleil
5	Saturne	Soleil	Lune	Mars	Mercure	Jupiter	Vénus
6	Jupiter	Vénus	Saturne	Soleil	Lune	Mars	Mercure
7	Mars	Mercure	Jupiter	Vénus	Saturne	Soleil	Lune
8	Soleil	Lune	Mars	Mercure	Jupiter	Vénus	Saturne
9	Vénus	Saturne	Soleil	Lune	Mars	Mercure	Jupiter
10	Mercure	Jupiter	Vénus	Saturne	Soleil	Lune	Mars
11	Lune	Mars	Mercure	Jupiter	Vénus	Saturne	Soleil
12	Saturne	Soleil	Lune	Mars	Mercure	Jupiter	Vénus

Heures de la nuit

	Dimanche	Lundi	Mardi	Mercredi	Jeudi	Vendredi	Samedi
1	Jupiter	Vénus	Saturne	Soleil	Lune	Mars	Mercure
2	Mars	Mercure	Jupiter	Vénus	Saturne	Soleil	Lune
3	Soleil	Lune	Mars	Mercure	Jupiter	Vénus	Saturne
4	Vénus	Saturne	Soleil	Lune	Mars	Mercure	Jupiter
5	Mercure	Jupiter	Vénus	Saturne	Soleil	Lune	Mars
6	Lune	Mars	Mercure	Jupiter	Vénus	Saturne	Soleil
7	Saturne	Soleil	Lune	Mars	Mercure	Jupiter	Vénus
8	Jupiter	Vénus	Saturne	Soleil	Lune	Mars	Mercure
9	Mars	Mercure	Jupiter	Vénus	Saturne	Soleil	Lune
10	Soleil	Lune	Mars	Mercure	Jupiter	Vénus	Saturne
11	Vénus	Saturne	Soleil	Lune	Mars	Mercure	Jupiter
12	Mercure	Jupiter	Vénus	Saturne	Soleil	Lune	Mars

Figure 13H

De manière générale :

Les yantras destinés à attirer la richesse, la sagesse et le savoir doivent être construits et utilisés pendant les heures du soleil.

Les yantras destinés à la divination ou à des fins occultes doivent être construits et utilisés pendant les heures de la lune.

Les yantras destinés à éloigner les obstacles doivent être construits et utilisés pendant les heures de Mars.

Les yantras destinés à apprendre et à l'éloquence doivent être construits et utilisés pendant les heures de Mercure.

Les yantras destinés à attirer le succès, les richesses et la gloire doivent être construits et utilisés pendant les heures de Jupiter.

Les yantras destinés à attirer l'amour et l'amitié doivent être construits et utilisés pendant les heures de Vénus.

Les yantras destinés à construire et à des objectifs pratiques doivent être construits et utilisés pendant les heures de Saturne.

La construction de tout yantra constitue un profond exercice de méditation, car il exige une concentration de l'esprit. C'est particulièrement le cas quand on dessine des yantras images. En suivant la construction du yantra, en commençant par le *bindu*, l'adepte médite brièvement sur chaque ligne qu'il ajoute. Il n'est pas rare que les gens entrent presque en transe, pendant qu'ils construisent un yantra. De cette manière, ils entrent dans le centre même du yantra et ne font plus qu'un avec lui. Je me souviens avoir observé un homme qui dessinait un yantra dans la terre à l'extérieur du Fort Rouge à New Delhi. Il était totalement absorbé par ce qu'il était en train de faire, et il ne se rendait pas compte de la présence de milliers de personnes ni du brouhaha incroyable qui l'entourait.

Chapitre Quatorze :

Les Talismans

Comme nous l'avons vu, on porte souvent les yantras comme des talismans pour attirer ce que l'on souhaite. On construit des talismans depuis des temps immémoriaux pour protéger et renforcer ceux et celles qui les portent. On renforce leur pouvoir si on les fait au bon moment et en utilisant les matériaux adéquats.

De nos jours, ils sont toujours aussi populaires qu'ils l'ont été autrefois. Les gens portent un grand nombre d'amulettes et de talismans. Il peut s'agir d'une patte de lapin « porte-bonheur ». Cela peut être un trèfle à quatre feuilles, une mèche de cheveux qui appartient à une personne particulière. Cela peut même être des grains de moutarde, enfermés dans un sachet en plastique, pour rappeler à celui/celle qui le porte les paroles de Jésus à propos de l'élévation vers le Royaume des Cieux. Toutes ces choses sont considérées comme des talismans porte-bonheur. De nombreuses personnes ont une médaille de Saint Christophe dans leurs voitures, car il est connu comme étant le saint patron des voyageurs. C'est un talisman. On peut même considérer les étuis à cigarettes comme des talismans après les avoir portés pendant un certain temps. Les gens peuvent gagner en confiance et en énergies positives en touchant ou en portant leurs talismans.

Généralement, on porte les amulettes près du corps et elles sont visibles. Alors que d'habitude, on ne montre pas les talismans. On les garde dans une poche ou dans un porte-monnaie, ou on les porte autour du cou. Peu importe qu'ils soient vus ou non par les autres, mais là n'est pas leur objet. Dans l'idéal, il faut garder les amulettes et les talismans aussi près que possible du corps. Les mots « talismans » et

« amulettes » ont désormais la même signification. A l'origine, on portait des talismans pour attirer la personne qu'on voulait. Alors qu'on portait des amulettes pour éloigner les influences négatives.

Certaines des amulettes les plus anciennes se présentent sous forme de bagues, car on pensait qu'elles apportaient la force, le pouvoir et le bonheur. L'alliance portée à l'annulaire relève d'une tradition très ancienne. A l'origine, on portait une bague à l'index pour indiquer aux autres qu'on souhaitait se marier. Une bague portée au majeur indiquait à tout le monde qu'une personne était amoureuse. Et une bague portée à l'annulaire indiquait à tout le monde qu'une personne était fiancée ou mariée[20].

Dans les années 60, alors que la Marine Américaine essayait d'envoyer des fusées Vanguard dans l'espace, et qu'elle échoua, les entrepreneurs prétendirent que cet échec était du à l'absence de médailles de saint Christophe. Il est certain que la première fusée qui a été envoyée avec une médaille de saint Christophe fonctionna parfaitement[21] .

On ne sait presque rien de saint Christophe, si ce n'est qu'il vécut en Asie Mineure au troisième siècle et qu'il fut martyrisé par les Romains. Mais il y a de nombreuses histoires à son sujet. L'une d'elle raconte qu'il était soldat et qu'il souhaitait servir le plus puissant dirigeant qui ait jamais existé dans le monde. Il en trouva un, mais il découvrit bientôt qu'il avait peur de Satan. Puis Christophe se tourna vers Satan, uniquement pour découvrir que, lui aussi, avait une faiblesse. Satan était effrayé à la vue du signe de la croix. Finalement, Christophe se voua au Christ et décida de passer le reste de sa vie à aider les autres. Ce qu'il fit en s'installant sur la rive d'un dangereux fleuve et en transportant les gens de part et d'autre de celui-ci. Personne ne se noya tant que Christophe vécut à cet endroit[22] .

---

[20] Larner, Saul P. *Le Guide de l'Astrologie.* Prentice-Hall, Inc., Englewood Cliffs, New Jersey, 1974, p. 143.

[21] Day, Harvey. *Dictionnaire illustré de l'occulte.* University Press, New-York, NY, 1976, p. 129.

[22] Brasch, R. *Coutumes étranges.* David McKay Co Inc., New York, 1976. Réédité par Tynron Press, Ecosse, 1990, pp. 181-183.

Étant donné qu'on utilise toujours assez fréquemment toutes sortes de talismans en Occident, il n'est pas surprenant d'apprendre qu'ils sont populaires en Orient.

On porte les yantras ou les talismans pour bon nombre d'occasions. On les utilise aussi pour faire des signatures numérologiques, que l'on dessine ou que l'on grave sur le yantra. On pense que cette signature renferme l'essence de la personne. On établit généralement ces signatures à partir du nom de la personne. On utilise le nom sous lequel la personne est le plus connu.

1	2	3	4	5	6	7	8	9
A	B	C	D	E	F	G	H	I
J	K	L	M	N	O	P	Q	R
S	T	U	V	W	X	Y	Z	

Figure 14A

Vous pouvez consulter la Figure 14A pour transformer votre nom en chiffres : par exemple, en transformant mon prénom, Richard, en chiffres, j'obtiens : 9, 9, 3, 8, 1, 9 et 4. Je peux maintenant insérer ces chiffres dans le carré magique que je souhaite. Étant donné que je suis sagittaire, je peux choisir de les placer sur le Carré de Jupiter (voir Figure 14B). Car Jupiter est la planète qui régit le Sagittaire.

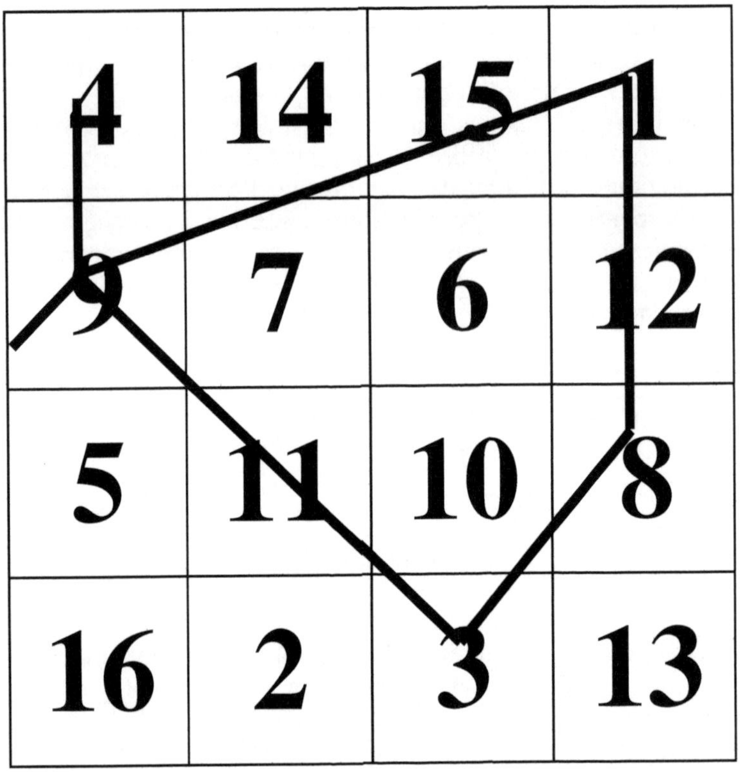

Figure 14B

Je commence par placer mon stylo sur le chiffre 9. Comme mon nom contient ce chiffre deux fois de suite, je fais un petit mouvement de côté pour indiquer les deux 9. Puis, je trace une ligne jusqu'au 3, puis vers le 8, le 1, et à nouveau vers le 9 avant de terminer par le 4. Ce qui créé mon sceau personnel pour le Carré de Jupiter.

Je peux le porter sur moi, car le carré magique est encore plus puissant, maintenant que je l'ai personnalisé. Je peux aussi choisir de faire fabriquer un bijou qui aurait la forme de cette signature. Si vous êtes habile de vos mains, vous pourrez peut-être le faire vous même, en utilisant du fil fin doré ou argenté.

Voici un autre exemple (voir Figure 14C). Debra souhaite avoir une signature sur le Carré de Mars pour l'aider à soigner une maladie qui persiste.

Elle commence par transformer son nom en chiffres : 4, 5, 2, 9 et 1. Puis elle dessine à partir de la case qui contient le 4. Le 5 est tout près, elle trace donc une ligne qui relie les deux chiffres. Le chiffre suivant est le 2, puis, la ligne continue en diagonale vers cette case. Ce qui veut dire que le 5 n'est pas particulièrement indiqué, car il semble que la ligne va directement du 4 vers le 2. Toutefois, comme la ligne passe directement à travers le 5, on considère qu'il figure dans le sceau personnel. Puis elle dessine une ligne qui va du 2 au 9, et elle revient vers le 1 pour compléter sa signature.

Etant donné qu'elle l'a construit pour des raisons de santé, elle devrait placer son sceau personnel aussi près que possible de la partie de son corps qui est affectée.

On peut aussi créer des signatures personnelles en utilisant les noms d'autres personnes et les appliquer à un carré magique. Par exemple, si vous êtes amoureux de quelqu'un, et si vous souhaitez que cet amour soit réciproque, vous pouvez construire le sceau personnel de la personne en question sur le Carré de Vénus et le porter sur vous.

En Occident, au Moyen-Age, des écrivains tel que Abbot Trithemius, Pierre de Abano, et Cornelius Agrippa ont beaucoup écrit sur les carrés magiques et les sceaux personnels tels qu'on les utilisait en Europe à cette époque. Leurs interprétations s'appuyaient sur une étude de la Kabbale, et démontraient l'importance capitale des nombres dans ce système. La tradition indienne évolua dans ce sens et est toujours fréquemment utilisée de nos jours.

11	24	7	20	3
4	12	25	8	16
17	5	13	21	9
10	18	1	14	22
23	6	19	2	15

Figure 14C

Un autre talisman est celui qui a été crée à partir du mot « Abracadabra ». La légende veut que ce mot ait été inventé par Serenus Samonicus, médecin de l'Empereur Caracalla, mais on pense qu'on le connaissait bien avant cette époque[23] Selon un ancien proverbe chaldéen, « *Abbada Ke Dabra* », signifie « *qu'il périsse comme la parole* » qui est une origine probable du mot, lequel en apparence n'a aucune significa-tion. A l'origine, on prononçait à haute voix chaque ligne du

[23] Lippman, Deborah, et Paul Colin. *Comment réaliser des Amulettes, des Charmes et des Talismans.* M. Evans & Co.Inc, New York, NY, 1974, p. 120.

talisman, et le mot diminuait, tout comme la maladie. Aujourd'hui, on le porte en guise de porte-bonheur et pour protéger quiconque le porte pour éloigner les mauvais esprits.

Il est intéressant de comparer les versions occidentales et orientales de ce talisman. En Occident, on enlève à chaque fois la dernière lettre. En Orient, on enlève la première et la dernière lettre (voir Figure 14D). Ce qui signifie qu'on peut lire le mot « Abracadabra » en partant de la première ligne supérieure à gauche, puis en remontant par la dernière ligne à droite.

Qu'est-ce qui est à l'origine de l'efficacité des talismans ? L'explication la plus évidente est que si les gens croient en leur efficacité, leur subconscient attire à eux ce qu'ils désirent. Le talisman leur donne confiance et leur permet de réaliser des choses qui n'auraient pas pu arriver autrement. Mais cela n'explique par pourquoi les talismans fonctionnent pour les personnes qui n'y croient pas. Il semblerait que les talismans soient eux-mêmes porteurs d'une vie, et qu'ils dégagent des énergies qui créent les résultats escomptés. Cela correspond parfaitement à la croyance indienne selon laquelle les yantras ne représentent pas seulement Dieu, mais qu'ils sont aussi la maison de Dieu.

ABRACADABRA
ABRACADABR
ABRACADAB
ABRACADA
ABRACAD
ABRACA
ABRAC
ABRA
ABR
AB
A

Version occidentale de ABRACADABRA

ABRACADABRA
BRACADABR
RACADAB
ACADA
CAD
A

Version orientale de ABRACADABRA

Figure 14D

Chapitre Quinze :

Conclusion

J'espère que ce livre sur les carrés magiques yantras vous a intéressé et qu'ils vous sera utile. Personnellement, il m'ont énormément aidé dans ma vie. J'en ai construit des milliers pour mes clients au fil des années et j'ai eu de merveilleuses réactions en retour concernant leur efficacité. Toutes les personnes auxquelles j'ai enseigné ce système, font état des mêmes résultats.

Vous souhaiterez peut-être dessiner des yantras à des fins de divination ou pour attirer l'amour, l'argent, et le bonheur. Vous voudrez peut-être en faire des talismans pour créer un aimant qui attire les bonnes choses vers vous. Utilisez-les avec respect. J'ai délibérément omis de mentionner les yantras négatifs dans ce livre. Je pense en effet que les carrés yantras ne doivent être utilisés que pour aider les autres, et jamais pour les blesser.

Achevé d'imprimer en décembre 2013
sur les presses de la Nouvelle Imprimerie Laballery
58500 Clamecy

Dépôt légal : décembre 2012
Numéro d'impression : 312132

Imprimé en France

La Nouvelle Imprimerie Laballery est titulaire de la marque Imprim'Vert®